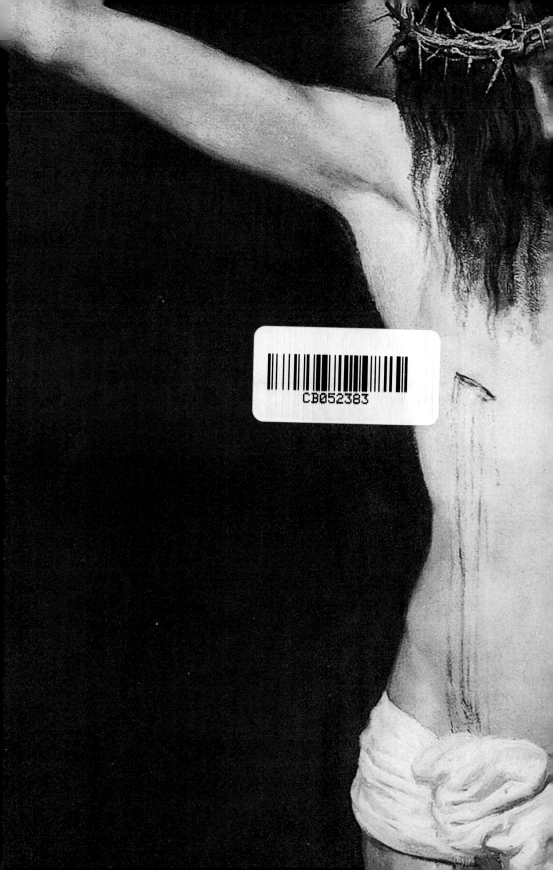

O REI DOS JUDEUS

Copyright ©Henry Bugalho, 2020.

Direitos reservados e protegidos pela lei 9.610 de 19.02.1998.
É proibida a reprodução total ou parcial sem autorização, por escrito, da editora.

Coordenação editorial: Sálvio Nienkötter
Editores-executivos: Raul K. Souza e Jussara Salazar
Editora assistente: Francieli Cunico
Editora-adjunta: Isadora M. Castro Custódio
Editor assistente: Daniel Osiecki
Projeto e edição gráfica: Jussara Salazar
Arte-final: Carlos Garcia Fernandes
Produção: Cristiane Nienkötter

Dados Internacionais de Catalogação na Publicação
(CIP) Angelica Ilacqua CRB-8/7057

Bugalho, Henry
  O rei dos judeus / Henry Bugalho. -- 2. ed. -- Curitiba : Kotter Editorial, 2020.
  320 p.

ISBN 978-65-86526-67-7

1. Ficção brasileira I. Título

CDD B869.3

20-4072

KOTTER EDITORIAL
Rua das Cerejeiras, 194
Telefone: +55 (41) 3585-5161
contato@kotter.com.br

henry bugalho

O REI DOS JUDEUS

2020

Para Denise, minha esposa, e Beatrice,
aquelas que com seu companheirismo
tornaram esta obra possível.

" (...) im Grunde gab es nur Einen Christen, und der starb am Kreuz."
Friedrich Nietzsche

"Quid est veritas?"
Pontius Pilatos

PALESTINE IN THE TIME OF JESUS, 4 B.C.-30 A.D.
(INCLUDING THE PERIOD OF HEROD, 40-4 B.C.)

Nomes próprios

Abraham – Abraão
Amos – Amós
Andreas - André
Aristobulus – Aristóbolo
Bar-Abbas - Barrabás
Belshazzar – Baltazar
Caiaphas – Caifás
Daniyyel – Daniel
David - Davi
Ebyathar – Abiatar
El'azar - Eleazar
Elisha - Eliseu
Eliyahu – Elias
Hananiah - Ananias
Herodias - Herodíades
Hoshea – Oseias
Jair - Jairo
Mal'akhi – Malaquias
Micha'el - Miguel
Mikha - Miqueias
Miriam – Maria
Moshe – Moisés
Nakdimon - Nicodemos
Phillippos – Felipe
Pontius Pilatus – Pôncio Pilatos

Rahel - Raquel

Rehav'am - Roboão

Rivkah - Rebeca

Ha-Satan - Satanás

Shimeon – Simão

Shlomit – Salomé

Tiberius Caesar – Tibério César

Toviyah - Tobias

Yaakov - Tiago

Yahweh – Javé

Yechezqel - Ezequiel

Yehudhah – Judas

Yehudhah ish Qeryoth – Judas Iscariotes

Yeshayahu - Isaías

Yeshua – Jesus

Yirmeyáhu – Jeremias

Yitskhak - Isaac

Yohanan – João

Yohannah – Joana

Yona - Jonas

Yosef – José

Zebadiah - Zebedeu

Zechariah - Zacarias

CIDADES E REGIÕES

Beth anya – Betânia

Beth-tsaida – Betsaida

Caesarea Philippi – Cesareia de Felipe

Ein Sheva – Tabgha

Gerizin – Gerizim

Gethsemani - Getsêmani

Ginosar - Genesaré

Hagalil – Galileia

Hayarden - Jordão

Jezreel – Jizreel

Kephar Nachûm - Cafarnaum

Migdal - Magdala

Nasrat – Nazaré

Ramtha – Arimateia

Sanhedrin – Sinédrio

Sayda - Sídon

Shomron – Samaria

Suriya - Síria

Tsiyyon – Sião

Tveryah – Tiberíades

Tzor - Tiro

Yehuda – Judeia

Yeriho - Jericó

Yerushaláyim – Jerusalém

Yisra'el – Israel

14 DE NISAN, ANO 3790 DO CALENDÁRIO HEBREU[1]
YERUSHALÁYIM, YEHUDA

Sim! Agora percebo claramente!

É agora que os céus se abrem e os anjos descem para me suspender?

Onde? Onde está o meu refúgio e a minha salvação, meu Pai? E as promessas com as quais Você me convenceu?

Dores agudas por todo meu corpo. Meus pulsos doem. Meus pés doem. Alguém está puxando o meu polegar do pé. Um cão. Sou o repasto das aves de rapina e dos cães selvagens. Prometeu crucificado. Em breve, o abutre de Deus pousará sobre mim para devorar meu fígado.

— Saia daqui, seu animal repugnante! — com sua lança, o soldado romano repeliu o animal — Desculpai-me, vossa majestade. Estes cães não mais vos importunarão!

Sim! Zombem e riam de mim. Eu sou o bode expiatório. Vocês, romanos, são incapazes de compreender o trágico destino dos hebreus: o cativeiro e a imolação. Nossa história é marcada pelo sangue dos nossos ancestrais; é no sacrifício que renascemos e é de onde extraímos forças para persistir. Vocês estão certos, sou um rei, mas não deste mundo. Abaixo de mim, Miriam, Yohanan, Shlomit e minha mãe. O meu Reino não é daqui, pois, se fosse, os meus seguidores teriam lutado por mim. Teriam morrido por mim.

Ó Yerushaláyim, que mata os seus profetas! Ó cidade maldita, assentada sobre a nação mais infeliz do mundo. Serva ignóbil do invasor; verme de Tsiyyon; de você exala o odor repugnante da carnificina; de você exala o enxofre da corrupção. Você, que foi a morada do rei, converteu-se nesta

---

[1] Ver apêndice.

imundície que repele o olhar. Quisera eu mil vezes estar voltado para o monte Gerizin, local santo dos samaritanos, ou para Roma, a latrina fétida dos pagãos, a morrer tendo-lhe como panorama. É em você que habita os corações endurecidos dos fariseus, a ganância dos saduceus, a intolerância e a soberba dos escribas; é em você que reside toda a sorte de bandidos e assassinos; bêbedos e prostitutas. Ó Yerushaláyim, ó cidadela pútrida.

Foram muitos os dias que vaguei por estas ruas nojentas, rodeado por traidores e sacerdotes vorazes pela minha execução. Não encontrei nenhum ouvido cativo, nenhuma alma disposta a seguir-me até o mais profundo dos abismos. Aqueles em quem depositei minha confiança fugiram. Melhor para eles! Não estão agora dependurados por cravos como eu! Como dói o peso do abandono, mais do que o peso do meu próprio corpo que devo suspender agora para conseguir respirar. Eu acreditava que minhas palavras eram essenciais como o ar para eles, mas não! Meus ensinamentos eram como manjares, que em um dia se come e dele se farta; noutro, porém, se na ausência deste quitute, apenas o pão basta. Só que eu não posso deixar de respirar o Reino, pois ele sou eu. Renegar o que eu disse seria renegar a mim mesmo. Esta é apenas a devida conclusão da minha missão, da minha árdua e tortuosa missão. Da minha equivocava missão, talvez.

Meses, anos, passaram como raios que rasgam o céu em noite de tempestade. Ninguém vê de onde vêm, tampouco onde caem. Tão rápido quanto estes relâmpagos sou eu. Do dia em que saí da minha vila até o momento em que cheguei a Yerushaláyim não se passaram muitas estações. Vivi menos primaveras do que gostaria; no entanto, penei demais nesta vida amarga. Deus me cumulou de belas palavras e do poder para inculcar fé nas pessoas mais humildes e ignorantes. Elas me seguiram até o dia em que isto lhes foi conveniente. Ninguém quer morrer por uma crença, por mais verdadeira que seja. Apenas profetas e loucos sacrificam-se por uma causa.

E eu, o que sou? Profeta ou louco?

Teria sido tudo que vivi nos últimos anos apenas um delírio de um lunático?

Olho para os soldados que me crucificaram e sinto compaixão por eles; amo-os, não dissimuladamente, mas com toda a sinceridade do meu coração. Olho para os sacerdotes que me maldizem e os amo; olho para Yohanan e Shlomit, caros amigos, para Miriam, adorada esposa, para minha mãe, e o meu peito se incendeia. Talvez seja o ar que entra rasgando com dificuldade nos meus pulmões. É tão difícil inspirar nesta posição! Mas talvez seja a flama do amor, que alimentei durante toda a minha vida. No início, eu temia o seu poder, mas enfim a reconheci como a minha maior arma. Se eu odiasse, não estaria aqui. Se eu odiasse, não estaria morrendo, mas sim matando. Se eu quisesse mal àqueles que me querem mal, tudo seria diferente. Mas eu amo! Amo as pessoas e os animais, o sol, a lua, a terra e as espigas que crescem no campo. Amo esta cruz que me mata! Talvez eu a ame mais do que tudo, porque ela é libertação!

Fui iludido. Não há hostes celestiais para me receber no paraíso; não há som de trombetas. Não há nada. Invade-me um vazio muito mais forte do que o amor. Estamos perto do fim. Se alguém um dia se lembrar de mim, talvez possa aprender uma valiosa lição: toda profecia, cedo ou tarde, se realiza. Eu sou o bode expiatório. Mas não purifico pecado algum, nem do meu povo, nem dos meus amigos, nem sequer os meus próprios. E o único grande pecado que carrego sobre mim é o de falar a verdade. O maior de todos os pecados!

Meu Pai me esqueceu. Desviou de mim seus olhos e me deixou para morrer. Não sou o único; companheiros meus agonizam ao meu redor. Não só eles, estes soldados, os sacerdotes, meus amigos e familiares, toda Yerushaláyim agonizam. O fim está próximo e não haverá clemência para nenhum deles. Deus se disfarçou de ovelha, mas Ele é um lobo! Fez-me acreditar que nos amava, obrigou-me a mentir para o povo, mas somente agora eu percebo: Deus criou um mundo imperfeito para nos castigar. Somos crianças levadas sofrendo uma severa punição. Não há anjos nos protegendo porque não merecemos. Nosso destino é o sofrimento. No fim, há somente a morte. Triste constatação, a mais pesarosa de todas. Basta desta vida! Não posso suportar mais!

— Meu Deus, meu Deus, por que você me abandonou?

30 DE TISHREI, ANO 3789 DO CALENDÁRIO HEBREU
NASRAT, HAGALIL

Yeshua havia tomado sua decisão e não haveria forças no mundo que o demoveriam dela. De fato, havia somente uma força que o deteria: a mesma que o impelia ao Hayarden. Deus falava com ele. O tempo todo. De todas as maneiras. Ora Ele vinha num sonho; ora Ele falava pela boca de um leproso ou de um cobrador de impostos; ora Ele vinha com a brisa suave da manhã; ora Ele desabava como o temporal do fim da tarde; ora Ele escrevia Suas ordens nas estrelas; ora Ele se manifestava na leitura semanal da *Torah* na sinagoga; ora Ele era o pão; ora o trovão. Mas a mensagem era sempre a mesma: "Meu filho, o mundo é uma árvore de frutos podres, chegou a hora de atear fogo a esta árvore inútil e vil".

Duras palavras, Yeshua ponderou. Por causa delas, ele já havia sofrido muito.

— Pai, esta árvore se recusa a queimar. Por que me enviou para uma missão tão árdua? — Yeshua havia perguntado a Deus naquela noite. Mas a única resposta que obteve do Senhor era que ele deveria atear fogo ao mundo. Por isto, ele decidiu partir; por isto, decidiu subir a Yerushaláyim, ir ao Hayarden. O Batista saberia lhe dizer o que fazer, como proceder, porque ele, Yeshua, não mais sabia. Não encontrou resposta no Oriente, nem no Egito, nem nos filósofos gregos.

Ele bem que tentou silenciar a voz que bradava em seu íntimo. Após muito vaguear, como os indigentes e peregrinos, retornou a Nasrat e se refugiou no ofício de seu pai. Mas ser carpinteiro não era o seu ofício. Yeshua se casou e tentou viver a vida de um homem comum. Mas ele não era um homem comum. Por alguma razão inexplicável, Yahweh o escolhera. Punha palavras em sua boca, palavras que Yeshua não queria dizer; por isto, ele se calava. Às vezes, o filho do carpinteiro passava dias sem abrir a boca. Sua esposa, Miriam, inquietava-se, tentava entabular um diálogo, mas Yeshua era irredutível. Não queria ser instrumento de Deus. Bastava ver o que Ele havia feito com os profetas. Todos haviam sido mortos, desterrados, renegados pelos ouvidos daqueles a quem eles dirigiam suas profecias.

— Não sou um profeta! — Yeshua se debatia contra a imposição de Deus

— Não sou! Procure outro!

No entanto, Deus queria Yeshua.

Outra vez, Yeshua havia deixado sua casa sem saber se retornaria. Sua mãe implorou para que ele ficasse. Afinal, não era fácil ser uma viúva naqueles dias. Os irmãos e irmãs de Yeshua nada disseram. Sentiam-se insignificantes diante da missão que Yeshua alegava estar cumprindo. Yosef, o irmão do meio, era o único a se opor diretamente e confrontá-lo. Não era justo que a vida houvesse escolhido uns para trabalhar arduamente, enquanto havia destinado outros — e Yeshua pertencia a este grupo — a serem pessoas de existência fácil, que ficam mendigando de cidade em cidade, não porque são pobres ou necessitadas, mas porque não foram talhadas para vidas dignas. A esposa de Yeshua nada disse. Ela sabia que, se Yeshua encontrasse uma resposta, ele retornaria. No fundo, era melhor que ele saísse em busca de uma solução para suas inquietações. Quando se está doente, deve-se tomar o remédio certo. E o remédio para Yeshua era o isolamento. Miriam estaria sempre esperando por Yeshua, tardasse dias, meses ou anos. Ela o amava mais do que a tudo neste mundo. Se Deus mandasse que Yeshua se vestisse de trapos e andasse pela vastidão das terras pregando aos povos, Miriam também se trajaria com farrapos e andaria atrás dele; se Deus lhe houvesse preparado um trono de ouro, ornado com pedras preciosas e assentado sobre as nações, Miriam seria sua rainha e estaria sentada ao lado dele; mas se Deus ordenasse que Yeshua fosse simplesmente um carpinteiro, Miriam também estaria junto dele, preparando o seu pão, cuidando e educando seus filhos, amando-o apenas como uma mulher consegue fazer, com toda a devoção, com todo o carinho, com toda a submissão.

Quando ela saiu da casa de seus pais, na cidade de Migdal, ela abdicou do luxo e da riqueza. Não, Yeshua não a havia iludido com promessas de uma boa vida! Miriam teria de labutar, de comer o pão que o diabo amassou, mas estava feliz. Yeshua era um homem bom, justo e trabalhador. Era engraçado vê-lo, nos primeiros dias, brigando com as tábuas de madeira e com as ferramentas que Yosef, o pai de Yeshua, havia legado a ele e a seus irmãos. As mãos delicadas de Yeshua, acostumadas com rolos de papiro e com o cálamo, lidavam desajeitadas com o ofício manual. Mas ele aprendeu com rapidez. Belshazzar, um dos velhos amigos do finado Yosef, que também havia sido carpinteiro quando jovem, ensinava Yeshua. Ficava sentado em um banco de pedra, assistindo Yeshua no trabalho. Yosef, o irmão do meio, somente olhava e ria. Corroído por negros sentimentos, ele se negava a ajudar Yeshua no aprendizado do ofício.

Bons tempos foram aqueles. Entretanto, não era esta a vida de Yeshua. Por isto é que ele deixou as duas Miriams, a mãe e a esposa. Para se descobrir.

"Meu filho é uma vergonha!", Miriam chorava amargamente no quintal da sua casa. Quando ele foi embora pela primeira vez, a experiência havia sido traumática. Todos os dias, Miriam abria a porta e ficava esperando o retorno do primogênito. Mas ele não voltava. Os outros, Yaakov, Yehudhah, Shimeon e Yosef, e as outras, Yohannah e Sara, cresceram, e Yeshua não retornava. Yosef, seu esposo e sustento, morreu, e Yeshua não aparecia, vindo pelo vale de Jezreel.

Então, quando Miriam deixou de esperar, o filho desnaturado apareceu e bateu à porta. Estava mudado. Olhos fundos, magro, cabelos sebosos e em trapos. Não falou nada, não se desculpou pelos anos perdidos, não perguntou pelos irmãos, nem sequer quis saber como ela conseguiu se virar durante todos estes anos. Ele entrou, comeu, bebeu e dormiu. Voltava como se fosse o dono da casa; como se nunca houvesse ido embora, ou melhor, como se houvesse passado o dia inteiro trabalhando na oficina e, à tardezinha, entra em casa e descansa. Mas não! Yeshua não estava trabalhando na oficina do pai! Ele devia estar vadiando pelo mundo; visitando prostíbulos, aprendendo com vigaristas e dormindo em casas de pagãos. Somente isto explicaria a aparência e os modos do filho de Miriam.

No dia seguinte ao retorno dele, Yeshua chamou Miriam, sua mãe, e anunciou:

— Mãe, vou me casar.

Era o que faltava para Miriam ter certeza que seu filho havia se perdido de fato. Agora, ele traria para casa alguma das prostitutas com a qual havia dormido em algum meretrício imundo. Ela não toleraria tal afronta.

Mas Miriam acabou tolerando.

Hoje, Yeshua foi embora novamente. Só que desta vez, ela não vai esperar na porta para ver se ele está voltando. O mundo roubou o filho de Miriam e para isto não havia conserto.

7 DE CHESHVAN, ANO 3789 DO CALENDÁRIO HEBREU
VALE DO HAYARDEN, PEREIA

Yeshua atravessou as vinhas da Baixa Hagalil — onde homens, mulheres e crianças dançavam alegremente enquanto faziam a pisa das uvas —, aventurou-se no território inóspito de Shomron e chegou à montanhosa Yehuda.

Boatos indicavam que Yohanan estava batizando na margem oriental do rio Hayarden, na região da Pereia. O caminho era árido, mas Yeshua encontrou o local com facilidade. Bastava seguir o fluxo humano, centenas de pessoas provenientes de várias cidades da Yehuda e da Hagalil. O filho do carpinteiro desceu a encosta e chegou até o córrego de água turva. Mais adiante, uma centena ou mais de pessoas aguardava sua vez de ser batizada. Um flautista e um tocador de tambor criavam uma atmosfera extasiante com sua música. Alguns homens e mulheres dançavam em transe, outros rezavam, ajoelhados nas margens ou até mesmo nas águas rasas do Hayarden. Alguns falavam uma língua incompreensível, outros se açoitavam com tiras de couro.

É isto a salvação? Yeshua não acreditava no que via. Parecia que ele estava tendo uma visão do She'ol, dos domínios dos mortos. Foi quando ele ouviu uma voz que parecia um urro de animal selvagem.

— Arrependam-se, porque o fim está próximo!

Amedrontado, o filho do carpinteiro se aproximou na multidão. No meio do rio, estava um homem não muito mais velho do que o próprio Yeshua, com um dos braços erguidos e o outro apoiando a cabeça de uma mulher. Dos seus olhos saía fogo e da sua boca trovão; sua barba era como serpentes negras dançando sob a luz do sol e seus cabelos eram labaredas. Yohanan, o Batista, era o tipo de pessoa de quem, em circunstâncias normais, os outros sentiriam pena; vestia-se como um leproso e dizia-se que comia gafanhotos. Mas o que Yeshua via ali não era um homem digno de pena e sim um guerreiro. Era a ele a quem Deus deveria ter enviado para incendiar o mundo, não a mim.

— Deus, — Yohanan bradou, chacoalhando o braço erguido no ar — Deus pôs um machado em minhas mãos e me disse: *Yohanan, seu verme, levante-se do seu leito de preguiça e vá para o deserto. Com este machado, você derrubará as árvores imprestáveis que crescem viçosas sobre a terra.*

A mulher que estava suspensa na outra mão de Yohanan soltou um grito exaltado — *Mashiach*[2]!

— Não, mulher! Não sou o Messias! Fui enviado para aplainar os caminhos do Senhor, pois ainda há de vir alguém maior do que eu. Eu os batizo com água, mas ele os batizará com fogo! O machado que tenho em minhas mãos é para cortar as árvores e abandoná-las em montes, pois o portador do fogo ainda está para vir. Somente ele poderá atear fogo ao mundo e cumprir as profecias.

Então, Yohanan segurou a mulher com as duas mãos e a submergiu nas águas do rio.

— Purifiquem-se, para não serem pegos de surpresa quando o enviado do Senhor chegar. Purifiquem-se, para não serem confundidos com as árvores imprestáveis, pois será pelos frutos que Deus julgará a árvore.

Yeshua se aproximou ainda mais e aguardou na fila para ser batizado. Quando chegou sua vez, o filho do carpinteiro olhou diretamente nos olhos de Yohanan; sentiu suas pernas tremerem e a voz lhe faltar. Engasgado, ele perguntou:

— Yohanan, você me reconhece?

---

[2] Significa "ungido", em hebraico. Transliterado comumente por "Messias".

No semblante do profeta pairou a dúvida.

— Não creio que o tenha visto antes.

De fato, eles já haviam se encontrado antes, no mosteiro essênio incrustado nos desfiladeiros selvagens do deserto da Yehuda.

— Eu sou o fogo! — Yeshua falou com uma firmeza que desconhecia.

— Por que veio para ser batizado comigo, se você é o portador do fogo?

— Preciso que você confirme a minha missão.

— E como poderia fazer isto? — Yohanan indagou, desconcertado.

— Não é você aquele que prepara o caminho? Diga-me se sou eu quem você aguarda.

— Não sei respondê-lo. Sei somente que você não parece ser o fogo.

— Quem pode me responder, então? — Yeshua estava decepcionado.

— Somente Deus.

— E como faço ouvi-lo com clareza?

— Vá para o deserto e apure seu ouvido. Se for o Messias, então ouvirá o que Deus tem para lhe dizer.

— Batize-me, por favor.

E Yohanan mergulhou o filho do carpinteiro no Hayarden.

— Obrigado.

Yeshua deu as costas ao profeta e aos aspirantes ao batismo e se encaminhou ao deserto da Yehuda. Só retornaria ao mundo quando Deus lhe desse uma resposta. De fato, era impossível saber o que Ele queria dos homens. Ele envia os profetas, mas os profetas não se reconhecem entre si; ele envia o machado e fogo, mas o machado não corta e o fogo não queima.

O Batista viu o galileu se afastando. Pensou em chamá-lo novamente para eles se sentarem e conversarem. Talvez com um bom diálogo ele fosse capaz de identificar o Messias. E se, de fato, fosse aquele homem?

— Está escrito pelo profeta Yeshayahu: — Yohanan gritou com sua aterradora e potente voz — *"Uma voz clama: 'Abri no deserto um caminho para o Senhor, nivelai na estepe uma estrada para nosso Deus! Todo o vale seja entulhado e todo monte e colina sejam abaixados. O espinhaço se torne planície e as escarpas se transformem em amplo vale!'"*

Yohanan apanhou outra pessoa e a mergulhou nas águas.

— Pois saibam: eu sou a voz que clama no deserto!

E, vendo Yohanan três fariseus que passavam na margem do rio — eles haviam vindo para se assegurarem da santidade de Yohanan, pois todos diziam que ele era um profeta —, ele falou:

— Vocês, raça de víboras, quem os ensinou a fugir à cólera vindoura? Vocês dizem: "Somos filhos de Abraham", mas eu lhes digo: convertam-se, pois, se Deus quiser, Ele pode fazer nascer destas pedras filhos de Abraham.

Lembrando-se do galileu, Yohanan então disse:

— Aquele que há de vir será tão forte, que não serei digno sequer de desatar suas sandálias. Com fogo ele batizará. Com a peneira na mão ele limpará sua eira e recolherá o trigo ao celeiro; quanto às palhas, estas serão lançadas ao fogo.

12 DE CHESHVAN, ANO 3789 DO CALENDÁRIO HEBREU
DESERTO DA YEHUDA, YEHUDA

— Fale comigo, Pai! Por favor! — Yeshua suplicou. Ele estava há três dias no deserto. A fome e a sede eram insuportáveis. Os dias eram extremamente quentes, enquanto o frio da noite gelava até os ossos. Por que preciso passar por isto, por quê? O Senhor não me enviou para ser seu profeta? Então por que se recusa a falar comigo? O Senhor pôs palavras na boca de Yechezqel, na boca de Eliyahu, na boca de Daniyyel; Hoshea foi seu instrumento, Zechariah foi seu instrumento, Yeshayahu foi seu instrumento, Yirmeyáhu foi seu instrumento. Amos, Yona, Mikha, Mal'akhi e todos os outros profetas sabiam o que Você queria, mas eu não sei! Até Yohanan, o Batista, sabe o que deve ser dito, mas eu não sei!

Yeshua, que estava deitado de bruços, sentou-se na posição de lótus. Quando eu era criança, pregava aquilo que lia e anunciava o que eu concluía observando as Escrituras e os homens. Mas isto só me trouxe tristeza; além disto, não avancei um passo sequer na missão que me foi destinada. Mudei meu discurso; no entanto, ao invés de falar aquilo que achava ser certo, comecei a falar aquilo que as pessoas queriam que eu dissesse. Mas Você me repreendeu. Continuava me assombrando com sonhos e visões, mas nunca me explicou o que tais sonhos e visões significavam. Só que agora não sairei daqui! Explique-me o que devo fazer, senão o que o Senhor terá de mim será apenas uma carcaça morta sendo devorada pelos cães e pelas aves de rapinas. Fale comigo!

O sol já estava se pondo quando Yeshua abriu os olhos. A pele ressecada e a garganta ardendo de tamanha secura. O estômago se contraindo com cólicas de fome. Yeshua esticou o braço e apanhou uma pedra. E por que eu não transformo esta pedra em um pão? Posso fazer isto, pois meu Pai me instaurou como aquele que redime o mundo. Seria tão simples. Ao menos eu teria uma prova da minha missão. Quando criança, aprendi a curar as pessoas; aprendi que os homens, as pedras, o céu, a água, as plantas, tudo isto se origina de uma mesma essência. Se, ao entrar em sintonia com esta essência que permeia todas as coisas, posso curar um homem, então também posso transformar esta pedra em pão. Posso transformar a areia em água. É claro que posso!

Yeshua quis chorar, mas não tinha lágrimas. Ele batia no peito e gritava.

— Não me tente, Pai! Não me tente! Sei que posso muitas coisas, mas não vou abusar do poder que Você concedeu a todos os homens. Escolhi estar neste deserto, do mesmo modo que posso escolher me levantar agora e retornar para junto dos homens. Não preciso de feitos extraordinários. Se eu realmente desejar comer, basta que me levante e volte para casa. Lá, Miriam estará me esperando, com um pão quentinho sendo assado no forno. Por isto, não me tente! Você não me comprará por um bocado de pão nem por um jarro de água. Ainda estou esperando sua resposta.

Yeshua deixou-se prostrar, exausto, de rosto na areia.

Sabe o que isto me lembra? Daquela história do Gautama, quando ele encontrou alguns ascetas, que, para demonstrarem como eram poderosos, andaram sobre as águas. O que foi que Gautama lhes disse? "Vocês passaram todos estes anos meditando e estudando para conseguirem andar sobre as águas? Que desperdício de tempo, já que, com apenas uma moeda, um barqueiro poderia levar vocês para o outro lado do rio". Não serei seduzido com a possibilidade de parecer grande diante dos olhos dos homens, porque eu sou o menor deles. Eu vim para ser o servo. Não quero ser o fogo, Deus, não quero! O mundo está corrompido, mas não consigo odiar o mundo nem os homens. Dê o machado e o fogo para Yohanan, que é muito mais vigoroso e impetuoso do que eu. Ele se parece com um profeta, eu me pareço mais com um escravo.

Após pensar tais coisas, o filho do carpinteiro viu um vulto que se aproximava, mas, como estava escurecendo, não pôde distinguir quem era, nem se era homem ou mulher. Quando chegou mais perto, Yeshua percebeu que era um homem decapitado que se achegava. Trazia sua própria cabeça na mão direita. Era Yohanan, o Batista. O que Você fez com ele, Deus cruel? Por quê?

Respondendo à pergunta de Yeshua, a cabeça de Yohanan falou:

— Eu não sou mais necessário. Você, o Messias, chegou para me substituir.

— Não! — Yeshua berrou — Você não me assusta! Não é verdade o que vejo, é apenas a minha imaginação!

E, ao dizer isto, a imagem de Yohanan decapitado desapareceu como um nevoeiro. Já era noite e o silêncio do deserto era assustador. Yeshua permaneceu sentado, aguardando que Deus se manifestasse.

13 DE CHESHVAN, ANO 3789 DO CALENDÁRIO HEBREU
DESERTO DA YEHUDA, YEHUDA

Foi um desespero quando os mercenários de Herodes chegaram onde Yohanan pregava. Os rumores que alcançaram os ouvidos do tetrarca eram de que Yohanan estava organizando um exército para derrubá-lo do poder. Não se sabe e talvez jamais se saiba como, quando e por quem estes boatos foram criados. Talvez tenham sido os saduceus e os fariseus, interessados em preservar a santidade do Templo como o único local possível de expiação dos pecados. Os judeus tomavam banho de imersão diariamente antes de entrarem nas sinagogas ou no Templo, lavavam as mãos antes e depois das refeições, não se alimentavam de animais impuros, não tocavam em pessoas ou objetos impuros, não entravam em cidades impuras. O que Yohanan oferecia àqueles que eram batizados por ele no Hayarden era uma purificação única. Bastava um mergulho nas águas do rio, e todos os pecados seriam expiados. A conversão começava pelo interior, não pela obediência a rituais. Para os doutores da Lei, Yohanan era uma afronta a tudo aquilo que o Templo e o judaísmo representavam; por isto, era melhor que ele fosse silenciado.

Por outro lado, havia o aspecto político da pregação do Batista. Ele falava em alto e bom tom que o mundo estava corrompido e prestes a ser purificado por Deus. Alguns poderiam ter encarado isto como uma crítica à administração de Herodes Antipas, que, apesar de possuir ascendência judaica, não era um exemplo de honra e devoção. As pesadas taxações que ele impunha sobre a população eram insuportáveis e muitas famílias das melhores estirpes foram arrastadas para o nível de miséria por causa delas. Além disto, o emprego inapropriado das reservas da tetrarquia havia estimulado uma insatisfação generalizada nas regiões controladas por Herodes, principalmente após a construção da capital, Tveryah, sobre um antigo cemitério judaico. Finalmente, havia o famoso caso do matrimônio do tetrarca com Herodias.

Herodias havia sido casada com o meio-irmão de Antipas, Phillippos, que, por sua vez, era o tetrarca do território ao norte de Hagalil; ademais, ela era sobrinha de um outro meio-irmão de Herodes, Aristobulus, ou seja, o relacionamento de Herodes com uma mulher que era, ao mesmo tempo, cunhada e sobrinha, não era agradável aos olhos da maioria da população. Por isto, as palavras de Yohanan podem ter soado aos ouvidos de Herodes como um ataque à sua péssima administração, além de uma represália aos modos como ele encaminhava sua vida privada.

Os mercenários, assassinos trazidos da Síria, Pérsia e das regiões mais esquecidas e primitivas do Império Romano, exerciam as ordens mais cruéis com prazer singular. Não bastava executar um comando simples como ir ao Hayarden e capturar um líder religioso; eles tinham de avançar, empunhando seus *gladii*[3], e passar pelo fio da espada homens, mulheres e crianças. Mesmo sem qualquer reação por parte dos seguidores de Yohanan, muitos foram executados naquelas águas, nas quais muitos haviam sido antes purificados.

— Herodes mandou que prendêssemos Yohanan, o Batista, e somente ele. Podemos nos divertir com o resto do pessoal — esta foi a instrução que o comandante das tropas deu a seus soldados.

Yohanan, quando decidiu dedicar sua vida a Deus, jamais pensou que passaria por um dia igual àquele. Como sempre, filas de judeus serpenteavam a encosta do Hayarden, todos sequiosos pela purificação. Algumas pessoas que desciam, desesperadas, a ribanceira do vale, atraíram a atenção do pregador e dos demais. Atrás destas pessoas, como uma matilha de lobos esfomeados, os mercenários avançavam. Alguns

---

[3] O *gladius* era a espada com fio duplo usada pelos legionários (pl. *gladii*)

estavam montados a cavalo, mas a maioria vinha a pé. Eles flanquearam as duas margens e cercaram a multidão que se comprimia no leito do rio. As mulheres gritavam e arrancavam os cabelos; certos homens, instigados pela ideia de não morrer sem luta, armaram-se com tocos podres de madeira trazidos pelas águas e com pedras, mas foram reprendidos por Yohanan.

— Deus é grande e justo, meus irmãos. Confiem no Altíssimo e não na força dos seus braços.

Então, sob este comando, eles largaram os paus e as pedras e baixaram os braços, deixando o peito aberto para os golpes mortais do aço.

As crianças — havia muitas crianças lá — se achegavam aos braços das mães, berrando de medo.

Os soldados cerraram a formação, impedindo definitivamente que qualquer um dos transgressores escapasse. Por fim, o comandante, montado sobre um cavalo bravio, avançou e perguntou com voz grave.

— Quem é o Yohanan, a quem todos chamam de Batista?

Pelas descrições, não havia como o comandante se equivocar sobre quem era o pregador, mas estava testando a coragem deste homem, pois, em palavras, ele era forte, faltava saber se em honrar seus colhões ele também seria.

— Eu sou o Batista! — Yohanan avançou — O que o comandante deseja de mim?

Entretanto, antes que este se dispusesse a respondê-lo, meia dúzia de trogloditas avançou, derrubando o pregador, e passaram a espancá-lo, inclementes, com as hastes das lanças. Em nenhum momento Yohanan resistiu a seus algozes. O máximo que ele ousou fazer foi olhar diretamente nos olhos do comandante e salmodiar.

— *"Por que, Senhor, ficas tão longe e te ocultas em tempo de perigo?*

O indefeso é consumido pela prepotência do ímpio

E colhido nas intrigas que lhe tecê".

Mas um violento golpe de *pilum*[4] na boca deixou Yohanan inconsciente.

Seus seguidores, comovidos pela agressão, voltaram a se armar com o que havia à mão. Foram massacrados pelos mercenários, enquanto o corpo desfalecido do pregador era retirado do local e conduzido até o cárcere mais próximo: Maqueronte.

Por volta de cento e cinquenta pessoas foram mortas naquela tarde. No relatório enviado por Herodes a Roma, o caso foi citado como um incidente de menor monta contra criminosos perigosos.

Cogitaram encaminhar Yohanan a Tveryah, para ser julgado pelo tetrarca, mas Antipas não aguardou; dirigiu-se pessoalmente à fortaleza para confrontar seu "inimigo".

A partir daquela data, todos aqueles que haviam sido batizados por Yohanan passaram a se esconder, por medo de serem os próximos alvos da ira de Herodes.

---

[4] O *pilum* era a lança de arremesso usada pelos legionários. Sua função primária era a de desarmar os oponentes.

16 DE CHESHVAN, ANO 3789 DO CALENDÁRIO HEBREU
DESERTO DA YEHUDA, YEHUDA

A fome e a sede haviam passado. Yeshua não possuía mais um corpo; era apenas espírito. Se Deus queria testá-lo, então Yeshua teria de se revestir da mesma essência de Deus. Seus olhos não viam mais o deserto; o que Yeshua enxergava eram anjos e demônios, batalhando pelo domínio da sua alma. Os ouvidos de Yeshua não ouviam mais o som do vento e o gralhar dos abutres; o que o filho do carpinteiro ouvia era o sibilar de Satan, que se arrastava pelas redondezas, e a voz de Micha'el, o comandante das milícias celestes, dando instruções aos anjos para atacar. Yeshua jamais havia pensado que sua alma poderia ter tamanha importância para ser disputada de maneira tão atroz. Ou será que, ao redor de todo homem, também acontecia diariamente esta mesma batalha? Não era exatamente isto que ocorria com o pecado, de um lado os anjos chamando o homem para praticar o bem e do outro o diabo convocando para a perdição? Não! Não é assim! Estas representações da minha mente, tentando mostrar-me a minha consciência conflituosa, o duelo que travo comigo mesmo pelo meu destino. Nem anjos nem demônios existem fora de mim; aquilo que me encaminha às boas obras e aquilo que me desencaminha estão dentro de mim mesmo. Acreditar que anjos ou demônios assopram nos nossos ouvidos aquilo que devemos fazer é uma maneira para se eximir da responsabilidade. Deus criou as leis, cabe ao homem conhecê-las e obedecê-las. Mas a Lei não é a lei da *Torah*. A Lei de Deus é o amor, tudo que estiver contra ela e além dela não vem de Deus, mas sim do homem.

Agora, se minha alma for tão importante, se a minha missão for tão importante, por que estou aqui no deserto? Porque não vou e conquisto o mundo, já que sou o Messias? Eu sou o rei que salvará Yisra'el da opressão!

O filho do carpinteiro se levantou e arremessou longe a serpente que estava enrolada no seu pescoço, ditando-lhe o que deveria pensar.

— Saia de perto de mim, serpente do orgulho! Não quero você! Vim para servir o homem, não para ser servido. Sou escravo de Deus e dos homens. Vim para dar exemplo de humildade. O homem orgulhoso constrói para si um pedestal que o afasta dos outros; o homem humilde se veste com roupas comuns e caminha no meio das pessoas, quando alguém lhe pede que o sirva, então o homem humilde abaixa a cabeça e segue seu amo.

Sou um de seus servos, Senhor, explique-me o que Você deseja, que eu o farei. Abaixarei minha cabeça e cumprirei Sua ordem. Basta que Você me peça!

No entanto, Deus não pediu nem ordenou nada a Yeshua, que permaneceu sentado no meio da terrível batalha que prosseguia.

Mais tarde, uma mulher, muito parecida com Miriam, a esposa de Yeshua, veio, sentou-se ao lado do filho do carpinteiro e segurou sua mão.

— Venha, meu querido, acabou. Vamos para casa.

Yeshua tinha medo de olhar para a mulher, não queria que sua convicção fosse abalada. Já estava há tantos dias no deserto esperando, não podia desistir agora.

— Não posso, minha vida. Compreenda que não posso — Yeshua disse com tristeza e amargura. Por que Deus faz isto comigo?

— Yeshua, se você não vier comigo, pedirei carta de divórcio. Você sabe que pela Lei, o homem não pode negligenciar sua mulher. Você veio para este deserto e me deixou sozinha em casa. Um homem deve cuidar da sua esposa, e você não tem cuidado de mim.

— Se você quiser realmente partir, eu lhe concederei o divórcio. Sinto muito, mas preciso da resposta de Deus.

Ao ouvir estas palavras, o rosto de Miriam se transformou. Encheu-se de ira e rancor.

— Você é um pobre miserável, Yeshua! Acha que é especial, mas não é! Somente os fracos vêm para o deserto para se encontrarem! Homens fortes estão trabalhando, cuidando de suas famílias, não buscando Deus onde Ele não está! Você está seguindo o caminho errado, Yeshua, porque você não é o Messias! É apenas um carpinteiro de Nasrat, e nem é um bom carpinteiro! Agora você abdica da única pessoa que um dia lhe respeitou porque quer ouvir a voz de Deus! Mas não pense que poderá voltar atrás na sua decisão. Quando você vier me procurar, sem ter encontrado este seu Deus, sem saber qual é a sua missão, e quiser se deitar comigo — porque você há de sentir falta do meu corpo — então eu lhe direi: "Volte para o deserto e peça a Deus que lhe dê outra esposa!".

Com lágrimas nos olhos, Yeshua ousou fitar Miriam.

— Você não me assusta com suas ameaças! Você não é a Miriam que eu amo. Ela está em casa, com minha mãe, aguardando o meu regresso. Ela compreende a minha missão, por isto nossas almas se uniram. Quando eu disse que lhe daria a carta de divórcio é porque quero que você, meu pensamento mesquinho, deixe a minha mente. Não escolhi você para estar comigo, mas escolhi eliminá-lo do meu ser.

E, assim como havia chegado, a mulher com a aparência de Miriam foi embora, deixando o pobre Yeshua com o coração oprimido.

20 DE CHESHVAN, ANO 3789 DO CALENDÁRIO HEBREU
DESERTO DA YEHUDA, YEHUDA

Uma nuvem negra surgiu no Oeste.

A batalha dos anjos e dos demônios aparentemente havia terminado, mas o filho do carpinteiro não conseguia determinar quem havia vencido. Tudo que havia restado era o sangue dos combatentes. E aquela nuvem negra era, na verdade, milhares de abutres atraídos pelo odor de sangue dos seres sobrenaturais tombados.

O galileu olhou à sua volta. Estava no meio daquele mar de sangue. Certamente seria devorado pelas aves cruentas. Correr era impossível; tanto porque não havia mais forças no corpo do asceta quanto pela extensão do massacre.

Como esperado, a nuvem de aves de rapina precipitou-se sobre o maldito campo de batalha. Centenas de pássaros mergulharam também sobre Yeshua, que protegeu o rosto com as mãos. Os abutres bicavam seus dedos e braços, suas orelhas, seus lábios, seus pés. Algumas aves arrancavam nacas de carne do abdômen de Yeshua, que gritava e gemia.

Um dos abutres pairou diante do galileu, na altura de seus olhos e, com voz humana, falou.

— Não lute contra nós, Yeshua. Estamos querendo protegê-lo. Estamos evitando que você morra de inanição; uma morte extremamente lenta e penosa. Queremos poupá-lo de tamanho sofrimento, pois o que você anseia não ocorrerá. Deus jamais falará contigo. Não porque você não mereça, mas porque Deus jamais fala, falou ou falará a alguém.

— Isto não é verdade! — Yeshua berrou — Deus falou a Moshe e aos profetas.

No entanto, o abutre prosseguiu.

— Moshe e os demais profetas eram loucos, Yeshua. E, apesar disto, conseguiram convencer o povo de Yisra'el de que as loucuras deles eram a palavra de Deus. Você, Yeshua, morrerá por causa de um sonho insano.

Yeshua abaixou seus braços, expondo sua face aos ataques, e murmurou.

— Se tiver de ser assim, então assim será.

Imediatamente, a nuvem de pássaros desapareceu. Não havia mais o mar de sangue em torno de Yeshua, apenas o deserto silencioso.

Era noite quando Yeshua ouviu passos atrás de si. Olhou por sobre o ombro, mas não avistou ninguém.

Subitamente, sentiu uma pressão no seu peito e uma voz que reverberou por todo seu ser.

— Por que me procura, Yeshua?

Mas esta voz não vinha dos céus, nem da terra, como Yeshua esperava, vinha do seu interior.

— Preciso de ajuda, Pai — o galileu implorou.

— Fale. Estou ouvindo.

— Você me enviou numa missão, Pai. Mas não sei o que devo fazer.

— Como não sabe? — a voz exclamou com fúria — Como não sabe o que fazer se todos os dias repito a minha mensagem? Todos os dias mostro-lhe o que deve dizer e fazer! Você realmente precisava vir até aqui para me perguntar o que desejo?

— Sim. O Senhor me disse para eu incendiar o mundo. Mas minha chama é fraca demais.

— Realmente, você não entendeu o que eu lhe pedia, meu filho. Diga-me: o que você tem mais do que qualquer outra pessoa?

Yeshua pensou, mas não sabia responder.

— O que o faz diferente das outras pessoas? — a voz insistiu.

— Eu sou mais fraco do que todos os profetas que o Senhor já enviou — Yeshua falou, por fim.

— Justamente o contrário, meu filho. Aquilo que você chama de fraqueza é justamente o que o faz mais forte do que todos neste mundo. A sua fraqueza é o amor. Somente você consegue amar quem o odeia.

— Sim — Yeshua chorava.

— É esta a chama que lhe dei. É com esta flama que você deve incendiar o mundo. Não o enviei para destruir o mundo. Enviei-o para amá-lo.

Ao ouvir isto, Yeshua se prostrou por terra; chorava como se seu peito estivesse prestes a rebentar-se.

— Meu Senhor e meu Deus. Como são grandes o Seu amor e a Sua misericórdia.

Reunindo forças que até mesmo Yeshua desconhecia, ele se ergueu e caminhou pelo deserto. Ele havia sido testado, havia sofrido, mas havia obtido uma resposta. A resposta.

De fato, da chama do amor Yeshua estava repleto. No seu interior, um incêndio consumia o galileu. Finalmente, ele podia falar às multidões, pois agora sabia o que deveria dizer.

23 DE CHESHVAN, ANO 3789 DO CALENDÁRIO HEBREU
BETH ANYA, YEHUDA

Marta acendeu o fogo e pôs os pãezinhos que ela havia amassado para cozer. Yeshua estava sentado na soleira da porta e, de quando em quando, ele voltava sua atenção para o trabalho da cunhada.

Deus é milagroso! Não há dúvidas disto. Que mistério é o pão! A mulher apanha um pouco de farinha, mistura com a água e forma uma massa, depois esconde nesta massa o fermento. Quando os pães crescem, ela os põe para assar para que os homens possam se alimentar.

Yeshua cofiou a barba e se voltou para a praça, onde algumas crianças brincavam. No céu não havia nuvem alguma e o calor do sol chegava até a incomodar. Assim também é a palavra de Deus. No princípio, há a *Torah*, que é a água que hidrata tanto os sábios quanto os pobres após um dia de trabalho; há também a farinha, que são os ouvidos, as mentes e os corações das pessoas, vazios de sentido e à procura de resposta. Enfim, há o fermento, que é a voz do mensageiro de Deus, que faz com que a mistura da *Torah* com os ouvidos dos homens possa ter algum resultado. Os hebreus receberam das mãos de Moshe as tábuas de pedra onde Deus inscreveu seus mandamentos; também de Moshe lhes foram dados os demais preceitos da Lei. No entanto, o meu povo se acomodou. Como possuíam um livro que continha tudo o que era permitido e tudo o que era proibido, quais eram as maneiras para se purificar e tudo aquilo que havia sido dito pelos profetas, então eles pensaram, "Já que nós somos o povo escolhido e possuímos a nossa Lei, não precisamos amar o próximo nem ser bons nem ajudar os pobres porque basta que imolemos alguns cordeiros ou rolas para que Yahweh nos perdoe e olhe por nós". O fermento dos profetas não bastou para tocar os corações do meu povo.

O nazareno se levantou e se pôs a flanar pelo vilarejo, rumo a Yerushaláyim. Mas a mim eles hão de ouvir! Deus falou comigo e pôs na minha boca as palavras que devem ser ditas. Eu também fui cego um dia. Recusei-me a aceitar a necessidade de manter viva a Lei dentro de mim e não somente nas sinagogas. Deus não habita em Templos feitos de pedra tampouco em um livro. A mensagem do Senhor mina na nascente dos rios e brota na espiga de trigo que cresce no campo. Os ensinamentos do Altíssimo estão no interior do pão que alimenta e no vinho que inebria. Este é o caminho e a verdade.

Marta, ao notar que Yeshua se afastava de casa, foi até a porta e o chamou.

— Yeshua, aonde vai?

Sem se virar nem deixar de caminhar, ele falou.

— Para onde meu Pai me guiar.

A mulher, desarmada, insistiu aflita.

— O que digo a Shimeon?

— Diga-lhe que um dia eu volto, pois eu o amo e a você também.

Desanimada, a cunhada de Yeshua olhou para o forno, de onde vinha um gostoso aroma dos pãezinhos que assavam, e depois fitou a figura magérrima que se afastava. Marta gostava muito de Yeshua; dele emanava uma aura de paz e tranquilidade. Miriam havia sido afortunada por ter um marido honrado e temente a Deus como ele. Agora era aguardar o dia em que ele retornaria. Shimeon ficaria bravo por ela ter permitido que Yeshua partisse. Shimeon amava Yeshua como a um irmão. No entanto, o nazareno parecia estar com pressa, pois havia permanecido na casa de Shimeon e de Marta apenas o tempo suficiente para comer algumas frutas e beber alguns copos de água. Não houve nem tempo para esquentar o assento. Como uma melodia tocada por uma cítara, Yeshua entrou naquela casa, iluminou-a com sua alegria e partiu, deixando apenas uma agradável recordação.

O filho do carpinteiro sentiu uma fina chuva gotejar sobre seu rosto e cobriu a cabeça com um lenço. O cheiro de poeira molhada se ergueu. À sua frente, surgiu Yerushaláyim, a cidade do Rei, com o Templo magnífico e a multidão caótica que se enveredava pelas ruas. Ela ainda não está pronta para mim. Nela habitam os maiores doutores da Lei de todo o mundo. Nos becos escuros, espreitam bandidos e prostitutas. No Templo, comerciantes vendem o perdão. Eu sou uma criança que acabou de entrar pelos portões do Reino. Para enfrentar a cidade santa, preciso estar maduro, calejado pelas provações. Não posso simplesmente me despir das minhas humildes véstias e abandonar meu corpo nu para ser alvejado pelos punhais do pecado e da corrupção. Yerushaláyim não está pronta para mim, mas eu também ainda não estou pronto para Yerushaláyim.

Assim, sem entrar na cidade sagrada, Yeshua passou ao largo e seguiu pela estrada que o levaria de volta para casa.

28 DE CHESHVAN, ANO 3789 DO CALENDÁRIO HEBREU
NASRAT, HAGALIL

Miriam, a esposa de Yeshua, se preparou para mais um dia de espera. Sua sogra, também Miriam, tornava-se mais áspera a cada dia que passava. Parecia descontar na nora as decepções que seu filho lhe causava. O inverno estava chegando e, com ele, uma avassaladora melancolia crescia naquela casa.

Miriam, a sogra, aprontava o almoço no quintal; ao seu lado, Miriam, a nora, tecia uma túnica de lã. As duas cumpriam suas tarefas em silêncio. Um silêncio esmagador que separava as Miriams. Uma não falava porque não tinha o que dizer, a outra não falava porque sabia que era uma incômoda presença naquela casa. O único vínculo que existia entre aquelas mulheres era um homem de quem ninguém sabia o paradeiro atual. Yeshua era uma tênue e frágil ligação entre mulheres com pensamentos completamente distintos.

As duas viram, ao mesmo tempo, o viajante que surgiu no vale. Era apenas um pontinho preto na imensidão verde do Jezreel, mas Miriam, a nora, sentiu um palpitar no peito. Um viajante só teria quatro motivos para se dirigir a Nasrat, que estava razoavelmente distante das estradas: 1 – um peregrino perdido; 2 – um soldados romanos vindo verificar se algum bandido se escondia nas cavernas de Nasrat, o que não era o caso, já que o viajante vinha sozinho; 3 – um parente de algum nazareno que vinha para fazer uma visita, ou 4 – algum nazareno retornando de viagem.

Miriam, a esposa de Yeshua, largou seus afazeres e correu para tentar enxergar melhor. Miriam, a mãe de Yeshua, continuou diante do forno. Mesmo se fosse seu filho, o esforço não valia a pena.

— É ele! — Miriam gritou para a sogra, então disparou colina abaixo para encontrar-se com o esposo no meio do caminho.

Yeshua caminhava lentamente; ainda não havia recuperado completamente o vigor. Trazia numa das mãos um cajado. A imagem era a de um pastor sem suas ovelhas. Só que este pastor ainda teria de conquistar o seu rebanho; *amor*, este seria o laço com o qual ele os apanharia.

Miriam abraçou e beijou os lábios, a testa e o rosto do amado esposo, em seguida, ela se ajoelhou diante dele e beijou seus pés.

— Que bom que você voltou, meu amado! — Miriam disse em meio a lágrimas e sorrisos.

— Não, não faça isto, minha Miriam — Yeshua carinhosamente apoiou Miriam para que ela se levantasse.

Foi neste momento que ela percebeu o terrível estado de Yeshua. O rosto magro e olhos fundos, a pele castigada pelo sol do deserto e as mãos finas e fracas.

Lendo os pensamentos da esposa, Yeshua se antecipou.

— Sei que pareço cansado, mas consegui. Enfrentei os meus medos e as minhas dúvidas e prevaleci. O meu Deus falou comigo e me explicou o que devo fazer.

Antes de querer saber qual era a missão de Yeshua e para onde ele deveria ir, Miriam perguntou com temor.

— E poderei acompanhar você?

O filho do carpinteiro riu.

— É claro que sim, Miriam! Que pergunta é esta? Deus nos uniu como marido e mulher, para a morte e para a vida. Você será a primeira pessoa a quem eu ensinarei.

Miriam saltitava de alegria. Enfim, seu marido estava de volta. Agora eles iriam enfrentar o mundo, porque Yeshua era o escolhido de Deus. Como já foi dito, Miriam estava pronta para sentar-se num trono de ouro ao lado de Yeshua, bem como para morrer com ele.

A mãe de Yeshua, ao ver o casal se aproximando, levantou-se e foi receber secamente o filho.

— Que bom que você voltou — ela disse, mas não conseguiu convencer Yeshua.

— Não se preocupe, minha mãe, porque não a perturbarei em sua casa por muito tempo. O mais rápido possível, eu e Miriam partiremos para Kephar Nachûm.

— Mas eu não quero que você vá — agora sim havia um pouco de sinceridade na voz de Miriam, a mãe.

Yeshua beijou a fronte da mãe e falou com doçura.

— A vontade de Deus vem antes das vontades dos homens. Vejo que o almoço está no forno — ele disse, lambendo os beiços.

Ele entrou em casa e deitou-se lateralmente em uma esteira de pele. Miriam, a esposa, correu para preparar um prato para o marido.

— Aqui está, Yeshua.

Ela depositou a tigela no chão. Nela havia sardinhas fritas com ovos, além de algumas verduras e pão. Yeshua partiu o pão e o mergulhou na tigela.

— Está saboroso — ele comentou, enquanto mastigava.

— Conte-me o que aconteceu com você, Yeshua — Miriam pediu com olhos suplicantes.

— Fui até o Hayarden, na região da Pereia, como os irmãos de branco[5] haviam me instruído para fazer. Cheguei lá, mas Yohanan não soube me dar uma resposta. Aconselhou-me a ir ao deserto para refletir. Foi o que fiz. Fiquei quinze dias meditando, sem nada comer. Mas Deus estava testando minha firmeza e minha convicção. Ilusões da minha mente tentavam me dissuadir da decisão, mas prevaleci. Finalmente, no último dia, Deus falou comigo. Uma voz serena, vinda daqui — e Yeshua apontou para seu peito — Meu Ser se iluminou diante daquela maravilhosa manifestação! — lágrimas rolaram pela sua face.

— E o que Deus lhe disse? — Miriam estava extasiada.

— Ele me disse que aquilo que eu pensava ser minha fraqueza era justamente a tocha com a qual eu incendiaria o mundo.

— Mas o que é aquilo que você achava ser sua fraqueza, Yeshua? — a mulher estava ligeiramente confusa.

— O meu amor, Miriam! O meu amor pelo filho do homem[6]!

— Por que iremos para Kephar Nachûm e não para Yerushaláyim? — Miriam perguntou. A mãe de Yeshua continuava no quintal, não queria entrar e travar contato com o olhar penetrante do filho. Ela preferiu ficar ouvindo, lá de fora, o que ele dizia.

— Yerushaláyim ainda não está preparada para esta mensagem. Ela é um covil de usurpadores. Tenho de tocar os corações dos pobres e dos excluídos. A semente que planto não atingirá corações endurecidos. Antes, Miriam, eu pregava uma revolução. Eu pensava que os homens pegariam em armas e lutariam para mudar a situação social. Só que o mundo continuava o

---

[5] Os essênios eram conhecidos popularmente como "irmãos de branco" por causa da vestimenta que usavam.

[6] A expressão "filho do homem" era usada no sentido de raça humana, humanidade.

mesmo. Mas a minha mensagem agora é de mudança pessoal. Primeiro, muda-se o homem, depois o homem muda o mundo.

Yeshua terminou de almoçar. Em seguida, as duas Miriams fizeram sua refeição.

À tarde, Yeshua e sua esposa saíram para caminhar pelo vale de Jezreel. Enquanto eles passeavam, Yeshua falava sobre o Reino dos Céus a Miriam, que estava orgulhosa de seu marido. Foi vendo os campônios semeando o trigo e a cevada no solo fértil do vale, que Yeshua pensou nas primeiras parábolas com as quais ele poderia ensinar sua esposa, as pessoas simples, os pobres de espírito.

5 DE KISLEV, ANO 3789 DO CALENDÁRIO HEBREU
KEPHAR NACHÛM, HAGALIL

Yeshua e Miriam caminhavam ao longo do mar de Hagalil; Migdal, Ginosar e Ein Sheva já haviam ficado para trás. Um vento gelado açoitava o rosto dos dois, que abraçados, tentavam se aquecer. Faltava bem pouco para chegarem a Kephar Nachûm; era possível avistar as primeiras casas.

O coração de Miriam se alegrou e ela começou a cantar. Yeshua olhou de soslaio para a esposa e sorriu. Ele também estava feliz. Eles haviam partido para enfrentar o mundo, só que juntos, jamais poderiam ser derrotados.

Miriam deixado a casa dos pais dela, uma família rica de Migdal, para se juntar a um pobretão como Yeshua. Para ele, que nunca havia sido rico, e mesmo se houvesse sido, ele não dava valor algum às coisas materiais, era difícil mensurar os imensos sacrifícios que ela havia feito para estar com ele. O único bem do homem é a alma. Este é o único campo que deve ser constantemente semeado. Não que ele desprezasse aqueles que viviam na opulência e que adquiriam bens. Uma coisa era ser rico, outra era acreditar que o ouro e prata são as únicas respostas para a existência. Sim, sua mensagem era para os pobres; mas, para Deus, vale muito mais um rico caridoso do que um pobre avarento. Por isto a alma de Miriam era nobre. Ela havia abdicado dos confortos para seguir um caminho incerto.

Yeshua pegou a mão de Miriam e a beijou.

— Eu amo você. Não deveria amá-la mais do que às outras pessoas. Não deveria fazer distinção entre os filhos do homem, mas eu faço. Contudo, Deus jamais condena o amor. Você é a luz da minha vida.

Miriam baixou os olhos, envergonhada.

— Eu também amo você, Yeshua.

Eles caminharam pelas vielas de Kephar Nachûm. O lugarejo tinha uma particular disposição: os quarteirões eram um aglomerado de cômodos, que formavam um bloco compacto; no centro de cada um havia pátios, onde os moradores realizavam suas atividades domésticas. As casas eram construídas com rochas negras, o que dava um aspecto um tanto lúgubre. A sinagoga ficava a dois quarteirões do mar de Hagalil; na água, alguns pescadores deveriam estar consertando suas redes.

Yeshua parou alguns instantes diante da sinagoga e olhou ao seu redor. Disse, por fim, a Miriam.

— Vamos procurar abrigo naquela casa.

— Conhece alguém lá? — Miriam perguntou.

— Não conheço ninguém aqui — ele disse.

Ele havia estado lá apenas uma vez, numa ocasião remotíssima, quando deixou a casa dos seus pais pela primeira vez. As mulheres a tear e as crianças a brincar era uma bela cena, e foi isto que despertou a atenção dele.

Quem os recebeu foi Shlomit, que estava sentada na soleira da porta de uma das casas, bordando um manto. Logo, os três já estavam no pátio conversando alegremente com as mulheres da vizinhança. Todas queriam ouvir a mensagem do nazareno, que falava com voz serena e carinhosa.

— Onde estão os homens? — Yeshua perguntou, olhando à sua volta — Não vamos deixá-los para trás. Eles também merecem o Reino.

As mulheres riram. Uma delas falou a Shlomit.

— Chame Zebadiah. Ele trará os outros consigo.

Shlomit se levantou e correu até a margem do lago.

O velho Zebadiah estava dentro da água com os outros pescadores. Ele avistou Shlomit e gritou para ela.

— O que foi, mulher? Kephar Nachûm está em chamas para tamanha pressa?

Shlomit recuou envergonhada.

— Há um homem... — ela disse — ... um nazareno.

Todos os pescadores, uns trinta deles, gargalharam.

Phillippos se adiantou.

— O que isto tem a ver conosco? Por acaso algo de bom sai de Nasrat?

— Por que vocês não vêm e o escutam com seus próprios ouvidos? Então entenderão. Ou vocês podem ficar aí, zombando de mim e do nosso hóspede — Shlomit deu as costas aos pescadores.

A mulher se foi e retornou para ouvir as pregações de Yeshua.

Os pescadores continuavam rindo.

— Quem entende as mulheres? — diziam.

Zebadiah e seus filhos, Yaakov e Yohanan, se entreolharam.

— É melhor irmos ver o que sua mãe quer — Zebadiah comentou com os filhos — Vocês sabem como ela fica quando é contrariada.

Assim, os três foram verificar o que ocorria. Andreas os seguiu, movido pela curiosidade.

Em casa, eles encontraram o nazareno cercado por mulheres, todas prestando atenção às suas palavras.

— Como se elas fossem capazes de compreender o raciocínio dos homens — Zebadiah murmurou para os filhos.

Ele e Yaakov ficaram observando à distância, de braços cruzados, enquanto Andreas e Yohanan se aproximaram e sentaram-se junto à plateia feminina. Yohanan estava intrigado, pois aquele homem lhe era familiar.

— Seja bem-vindo, Yohanan. Nós estávamos esperando por você — Yeshua saudou o pescador.

— Como você sabe meu nome? — Yohanan gaguejou.

— Não se preocupe, Yohanan. Não é magia nem feitiçaria. Sua mãe me falou sobre você, sobre seu pai e seu irmão. Ela queria que eu e minha mulher conhecêssemos vocês.

Yohanan sorriu. Ele havia sido discípulo de Yohanan, o Batista, e havia visto e ouvido coisas inacreditáveis. Mas agora ele se recordava, ele estava lá quando Yeshua surgiu no Hayarden e conversou com o Batista. Seria realmente ele o Messias? Tanto Yaakov quanto Yohanan haviam sido batizados por Yohanan, o Batista, no Hayarden, mas quando souberam da prisão dele, retornaram imediatamente para Hagalil. Ninguém desconfiaria que os filhos de um respeitoso líder de uma cooperativa de pesca, com mais de quinze barcos singrando pelo mar de Hagalil, seriam dados a sandices de profetas. Mas a verdade era que os filhos de Zebadiah só estavam aguardando uma oportunidade para retornarem à Pereia e terem notícias do Batista. No entanto, se este nazareno fosse realmente aquele de quem Yohanan, a voz que bradava no deserto, tanto falava, então eles seriam os primeiros a segui-lo.

Por sua vez, Andreas estava aliviado com a resposta dada por Yeshua. Ele morria de medo de magos e astrólogos. Não compreendia nada destas coisas sobrenaturais; sabia apenas pescar e isto lhe bastava.

Yeshua respirou profundamente e falou.

— Como eu dizia: o reino de Deus é como um pescador que lançou sua rede ao mar e apanhou vários peixes pequenos. No meio deles, encontrou um peixe grande. O pescador atirou, então, os peixes pequenos de volta ao mar e escolheu o peixe grande sem dificuldades.

Nenhuma das pessoas ali presentes compreendia exatamente o significado das palavras do nazareno. Elas concordavam apenas que o que ele dizia era belo, com exemplos da vida diária delas, e atingia o coração. Yohanan e Yaakov ficaram maravilhados com que viam e ouviam, mas Zebadiah e Andreas continuaram desconfiados; Zebadiah, porque não acreditava em profetas; Andreas, porque, por mais que se esforçasse, não conseguia acompanhar os raciocínios do nazareno.

— Bem, ele ficará hospedado em nossa casa como quer Shlomit. Veremos para que veio este profeta — Zebadiah falou com amargura.

Yaakov não respondeu. Certamente não tinha os mesmos receios do pai.

O velho Zebadiah não aguardou o fim das pregações de Yeshua para querer sair dali. Ele fitou Yohanan, Andreas e Yaakov, mas eles estavam concentrados nas palavras do profeta. Rabugento, ele pigarreou e emitiu um grasno. Nem mesmo assim conseguiu atrair a atenção dos filhos e do empregado. Ele abriu caminho por entre as mulheres e, pisando firme, retornou ao lago.

— Cadê os outros? — Shimeon perguntou ao ver Zebadiah voltando sozinho.

— Ficaram lá, ouvindo mais um destes profetas que empesteiam nossas cidades! Yaakov e Yohanan já foram ao Hayarden atrás daquele Batista, daqui a pouco estarão escalando o Hermon atrás deste nazareno.

— Os profetas não são muito diferentes destes revoltosos que têm vindo para cá para se esconderem em cavernas. Ouvi dizer que o Batista foi preso porque estava organizando um exército — Phillippos falou, num misto de riso e indignação — Seus filhos nunca falaram nada sobre uma guerra contra os romanos?

— E eu lá consigo conversar com meus filhos! Parecem que nem são do meu sangue! — Zebadiah retrucou — que *Yahweh* me perdoe, mas estou começando a pensar que algum profeta passou aqui um dia e *conheceu* a minha mulher. O fruto disto é Yohanan e Yaakov!

— Nem brinque, Zebadiah! Nem brinque! — Shimeon deu um tapa de leve no braço musculoso de Zebadiah, que, apesar da idade, ainda conservava o vigor da juventude — Os dois são a sua cara. Feitos do mesmo molde que você!

Os pescadores riram.

Zebadiah baixou os olhos e viu seu próprio reflexo nas águas ondulantes do lago. De fato, Shimeon tinha razão; era inegável a semelhança entre eles. As sobrancelhas compridas e ligeiramente grossas, o nariz delgado e curto, o queixo largo e ossudo. Entretanto, nem Yaakov nem Yohanan herdaram a boca grossa e os dentes grandes, tampouco os olhos opacos e inexpressivos. Os dois tinham os lábios da mãe, finos e delicados, e os dentes pequenos e bem modelados; olhos vivazes e inquiridores, tão semelhantes aos de Shlomit. Também herdaram a credulidade de Shlomit, uma mulher de mente fraca e que era facilmente convencida por charlatões. Não havia sido por acaso que ela havia sido a primeira a encontrar Yeshua.

— Vamos parar com esta conversa fiada! Trabalhem mais e falem menos! — Zebadiah ordenou, e os pescadores voltaram às suas atividades em silêncio.

7 DE KISLEV, ANO 3789 DO CALENDÁRIO HEBREU
KEPHAR NACHÛM, HAGALIL

Os pescadores estavam pressionando Zebadiah para que ele mandasse embora o nazareno e a esposa. Todos estavam preocupados com suas esposas e filhas, que não tinham outro assunto em casa além do misterioso profeta.

— Mas é claro que elas ficarão cheias de caraminholas na cabeça. — eles diziam — Ficam o dia inteiro ouvindo aquele louco! Cabeça vazia... Já viu.

No entanto, Zebadiah respeitava a *Torah* e, por isto, sentia-se constrangido em expulsar o hóspede. Era vergonhoso que seus filhos, Yohanan e Yaakov, já houvessem debandado para os lados daquele tal de Yeshua. Na noite passada, eles não vieram trabalhar.

Todos os varões foram à sinagoga naquela manhã do *Shabat*. Depois do ritual matutino, Yeshua, Yohanan e Yaakov se reuniram aos anciãos no debate acerca das interpretações da *Torah*. Foi neste momento que um jovem possuído por espíritos impuros invadiu a sinagoga, veio na direção de Yeshua e se lançou sobre ele, gritando e arranhando sua face.

— Quem lhe deu o direito de vir até aqui nos atormentar?

Os homens se levantaram para tentar controlar o endemoniado, mas antes que pudessem fazer algo, Yeshua, com uma força sobre-humana, desvencilhou-se das mãos enfurecidas e imobilizou o rapaz. O nazareno então disse:

— Que direito tem você de avançar contra o enviado de Deus? Ordeno que deixe imediatamente o corpo deste jovem!

E, naquele mesmo instante, os espíritos deixaram o rapaz. Sem forças, ele teria caído se Yeshua não o houvesse suspendido pelas axilas. O pai do jovem veio ao seu encontro. Com lágrimas nos olhos, ele se dirigiu ao nazareno.

— Não sei o que aconteceu com meu filho. Ele estava bem até poucos instantes atrás — e, ao perceber o sangue no rosto de Yeshua, ele perguntou — Ele não o machucou você seriamente, machucou?

— Não foi nada. Apenas arranhões. Leve-o para casa e deixe-o descansar. Eduque-o com amor e retidão e não tenha medo, porque Deus estará cuidando dele.

Os anciãos e os demais homens estavam boquiabertos: de onde vinha tamanha autoridade?

Yeshua bateu o pó da sua túnica e passou a mão pelo rosto. Yaakov também examinou o mestre para ver se ele estava realmente bem. Ninguém ousava dizer coisa alguma, pois sentiam que uma grande força emanava de Yeshua.

— Vocês se lembram da leitura de hoje? — Yeshua perguntou aos doutores da lei.

O rabino se levantou e repetiu o texto do profeta Yeshayahu.

— *"O espírito do Senhor Deus repousa sobre mim, porque ele me ungiu. Enviou-me para levar uma boa-nova aos pobres, medicar os homens descoroçoados, proclamar aos cativos a libertação e aos prisioneiros a abertura do cárcere, para proclamar o ano da graça do Senhor e o dia da vingança para nosso Deus".*

Yeshua sorriu ao término da profecia e disse ao rabino e aos demais ali presentes.

— Hoje vocês tiveram o privilégio de ver esta profecia se cumprindo.

Blasfêmia! Era o que estava na ponta da língua do rabino, mas ele se calou diante do olhar fulminante do filho do carpinteiro.

Yeshua se virou para Zebadiah, Shimeon e os outros pescadores.

— Até hoje, vocês foram pescadores de água doce. Dormiam de dia e trabalhavam à noite. Mas eu lhes convido a serem pescadores de homens. É muito mais difícil e trabalhoso que pescar peixes, mas a recompensa é também muito maior. A porta que conduz ao pecado é grande, larga e muitos preferem cruzá-la porque é mais rápido e mais fácil, mas venham comigo e entrem pela porta estreita e pedregosa, então vocês descobrirão o que é a verdade e a vida.

O rabino se virou e foi para casa. Alguns dos ouvintes também. No entanto, os poucos que restaram queriam saber mais como se pescava homens.

— Shimeon, — Yeshua se dirigiu a um dos pescadores que conhecera no dia anterior — soube que sua sogra está muito doente. Eu gostaria de visitá-la.

Shimeon titubeou. Andreas se aproximou e cochichou no ouvido do irmão.

— Leve-o até lá. Se até os espíritos impuros o obedecem, quem sabe ele não pode curar Rivkah?

Shimeon concordou. A casa dele não era longe da sinagoga, por isto, chegaram lá rapidamente.

Yeshua entrou na habitação de Shimeon e encontrou Rivkah deitada em uma esteira. Ela respirava com dificuldade e suava muito. Logo, o pátio estava repleto de mulheres que haviam ouvido o que Yeshua havia feito na sinagoga e queriam ver o que ele faria agora.

O nazareno sentou-se ao lado de Rivkah e segurou a mão dela entre as suas.

— Como você se sente, Rivkah?

— Estou com frio... — ela murmurou, com os lábios trêmulos.

Ele tocou com a palma da mão a testa da mulher e perguntou.

— Você acredita que Deus cuida dos seus filhos?

— Sim, acredito.

— Sente-se melhor, Rivkah? — Yeshua perguntou.

— Sim, mestre. Estou bem melhor — ela respondeu, sentando-se na esteira.

No pátio, as mulheres aplaudiam, riam, gritavam entusiasmadas. Shimeon, por sua vez, lançou-se aos pés de Yeshua e balbuciava:

— Mestre! Mestre!

Andreas mal conseguia conter o riso. Era o Messias! Quem livraria Yisra'el do jugo dos inimigos. Zebadiah permaneceu de braços cruzados, incrédulo. É um farsante! Alguma espécie de mágico. Mas o que ele quer? Yohanan olhava extasiado para o céu. Deus havia tido piedade dos homens. Enviou um profeta para conduzir os hebreus ao paraíso. Yaakov cutucou o irmão com o cotovelo, como se quisesse dizer: "o Batista estava certo".

Rivkah se levantou e se pôs a servir o almoço do *Shabat* para Yeshua, Shimeon, Andreas, Yohanan, Yaakov e Zebadiah.

Na porta de casa, estavam Shlomit, Miriam, a esposa do nazareno, e Yohannah, a esposa de Shimeon; todas maravilhadas com o que Yeshua havia acabado de fazer.

No entanto, o próprio nazareno estava surpreso consigo mesmo. Como ele havia conseguido realizar tantos prodígios? Sim, ele estava cumprindo a sua missão; estava incendiando o mundo com a tocha do amor, mas qual era o enigma do seu poder? Pois todos os homens eram iguais diante de

Deus: o profeta e o campônio, o fariseu e o carpinteiro, o soldado romano e o zelote. Por que Deus havia escolhido uns poucos para serem curados, enquanto muitos deveriam perecer pelo câncer da peste e da fome? Isto não bastaria para acusar Deus de parcialidade? Yeshua refletiu durante longas horas, naquela tarde, sobre estes questionamentos. Deus não é injusto, Yeshua concluiu. O poder não está em mim, nem em minhas mãos, nem na minha voz; o poder está em cada uma das pessoas que aceita a palavra de Deus. É a fé! É a fé que faz com que o pescador pegue a sua embarcação e a lance na água em uma noite de lua cheia à espera da uma boa pesca; é a fé que faz com que o camponês acorde antes do canto do galo para lançar as sementes na terra arada à espera de que elas cresçam e deem frutos; é a fé que faz com que um carpinteiro apanhe seu machado e saia à procura de uma árvore saudável à espera de que esta árvore se converta em uma cadeira ou em um baú, em uma trave para sustentar uma casa, ou em uma embarcação que flutuará gentilmente pelo mar de Hagalil; é a fé que faz com que um mercador equipe o seu camelo e ponha sobre ele mercadorias à espera de que aquilo que ele adquiriu a um certo valor seja vendido pelo dobro em outra região; é ela que faz com que o pastor durma sob o sereno da noite para que suas ovelhas descansem sem serem roubadas ou atacadas por lobos. É a fé... É a fé que move o mundo, as estrelas, o sol e a lua, não porque elas precisem da fé do homem para continuar seus movimentos, mas porque o homem é que dá sentido a este movimento. O que seria da árvore, da pedra, do ouro sem o homem? É o filho do homem que justifica o céu, a terra, a vida... E é a fé dele que cura, que traz alegra, que causa o choro, que gera o riso. Sou um instrumento de Deus. O meu único poder é o de fazer as pessoas acreditarem que Deus é bom e justo. O meu Pai não é o Senhor dos Exércitos, ele é o Pastor dos sofridos!

8 DE KISLEV, ANO 3789 DO CALENDÁRIO HEBREU
KEPHAR NACHÛM, HAGALIL

A notícia do profeta de Nasrat se espalhou com o vento pela cidade e pelas aldeias vizinhas. Naquele mesmo dia em que ele havia curado a sogra de Shimeon, ao pôr-do-sol, as pessoas vieram para casa do pescador para ouvirem as pregações de Yeshua e serem curadas de suas enfermidades.

O pátio estava abarrotado de gente quando Yeshua saiu para falar. Todos se calaram e se acomodaram como era possível. Rivkah acendeu duas lâmpadas de azeite para iluminar a porta que dava para o pátio. Yeshua subiu até o telhado e ficou de pé na beirada, Miriam estava sentada ao seu lado. Ele viu aquele mar de gente, pessoas maltrapilhas, sofridas, surradas pela vida e pela opressão dos romanos. Os *kittim*[7] impunham uma dominação econômica, militar e social aos hebreus. Mas a opressão política dos romanos não era menor do que a opressão espiritual que os fariseus e os saduceus impunham ao povo judeu. Pior do que não ter o que comer é não ter a identidade de quem se é, para que se trabalha. Sem o sentido essencial da existência nada mais faz sentido. Eu só porei abaixo a árvore inútil que *Yahweh* me mandou queimar quando eu atingir a alma de cada pobre hebreu. Estes homens e mulheres não sabem exatamente o que vieram fazer aqui. Provavelmente ouviram rumores do exorcismo e da cura de Rivkah e também querem ser curados. Provavelmente eles não sabem o que lhes espera, mas estão tão desesperados que não se importam com as consequências. Não podem entrar nas sinagogas porque estão impuros de acordo com a *Torah*; além disto, tudo o que eles tocam se torna impuro. Por isto, não podem trabalhar. Também não podem trabalhar porque eles não veem sentido algum no trabalho. "Por que trabalhar se os cobradores de imposto virão tomar todo o produto do meu labor e muito mais do

---

[7] Palavra hebraica usada para se referir aos estrangeiros, especialmente para os invasores romanos.

que posso pagar? Por que trabalhar se tenho de dedicar um décimo do meu lucro ao Templo em Yerushaláyim, sendo que todo o meu lucro já se esvaiu nas mãos dos publicanos?", eles devem pensar. Muitos deles nem acreditam mais em Deus. Que espécie de Deus é este que exalta uns e rebaixa outros?

— O que vocês vieram fazer aqui? — Yeshua perguntou à multidão. Seu rosto era iluminado de baixo para cima pelas candeias, o que lhe dava um ar demoníaco.

— Queremos ser curados! — alguns gritaram.

— Ouvimos dizer que você é um profeta. Qual a mensagem de Deus para nós? — outros indagaram.

O filho do carpinteiro ficou alguns instantes em silêncio, até que o burburinho cessasse.

— Que me interessa se vocês estão enfermos ou possuídos por espíritos malignos?

Assustados, ninguém respondeu.

— A cura que trago é espiritual, meus irmãos! Quem quiser ouvir o que tenho para falar, que fique! Mas quem veio apenas para ser curado, este pode partir imediatamente.

Uma meia dúzia de coxos e leprosos se levantou e deixou o pátio.

— Acho que agora poderemos começar — Yeshua prosseguiu, um tanto consternado, pois não esperava que alguém fosse, de fato, embora. Então começou a falar sobre Deus e sobre o Reino dos Céus.

Quando terminou sua pregação, ele desceu do telhado e se aproximou de um homem com lepra e, tocando sua testa, questionou.

— Você acredita que o Senhor nosso Deus pode limpá-lo da lepra?

— Sim, mestre. Acredito.

— Então você já está limpo — e, ao dizer isto, as feridas começaram a desaparecer lentamente.

A primeira reação dos expectadores foi admirar os poderes do nazareno, mas tendo passado este impacto inicial, uma multidão de leprosos, mancos, cegos e surdos se lançou sobre Yeshua para ser curada. Eles se agarravam na barra da túnica do nazareno, enquanto ele impunha as mãos sobre os enfermos, curando-os. Pais traziam filhos loucos e possuídos, que também eram exorcizados por Yeshua. Shimeon, Yaakov, Andreas e Yohanan tentavam manter uma certa ordem, mas isto era praticamente impossível. O máximo que eles conseguiam fazer era evitar que Yeshua fosse esmagado pela turba que o comprimia.

O nazareno adentrou a noite curando o povo. Miriam, Shimeon, Yohanan, Andreas, Yaakov, Rivkah e Shlomit permaneceram juntos a Yeshua, tentando organizar uma fila para que os doentes fossem atendidos sem tanta confusão. Pois muitos já haviam sido curados e por isto o pátio estava menos tumultuado.

Quando chegou o último da fila, um homem extremamente castigado pela idade, mas que parecia estar são, Yeshua perguntou.

— Qual é a sua enfermidade?

— Não tenho doença alguma, nazareno. Eu vim aqui para agradecê-lo.

— Acaso eu lhe fiz algo para receber agradecimento? — Yeshua perguntou com bondade.

— Sim, mestre. Você trouxe esperança de novo para minha vida. Isto é muito maior do que qualquer cura que você poderia realizar.

— Como você se chama? — Yeshua perguntou comovido.

— Eu me chamo Yirmeyáhu, filho de Rehav'am.

— Então, Yirmeyáhu, eu lhe digo que você já conquistou o Reino dos Céus. Porque o Reino está aqui e não algures. Não é feito de pedra nem construído por mãos humanas, mas está dentro do homem, esquecido em algum lugar. Você já encontrou o Reino, por isto tem esperança. Vai em paz, Yirmeyáhu, porque Deus já está com você.

O ancião se virou e partiu. Miriam se aproximou de Yeshua e tocou seu ombro.

— Vamos para casa de Shlomit descansar, Yeshua? Já está tarde.

— Sim, vamos.

— Acho que você não deve se desgastar tanto assim, Yeshua — Miriam falou, num tom maternal — Você passou o dia inteiro pregando e curando. É melhor pensar em si próprio também. Hoje foi somente o primeiro dia da sua missão; você pensa que aguentará se continuar neste ritmo?

— Não posso fraquejar, minha esposa. Passei tanto tempo fugindo disto que agora não posso parar. A minha vida não me pertence, ela é de Deus. Não estou tão cansado quanto você imagina. A alegria das pessoas que retornam para casa sãs é uma energia que me sustenta. Você ouviu o que Yirmeyáhu me disse?

— Sim — disse Miriam.

— Esta é a minha recompensa.

Yeshua se despediu de Shimeon, Rivkah e Andreas.

— Mestre, você ensinará o povo amanhã? — Shimeon perguntou.

— Não sei o que acontecerá no dia de amanhã, Shimeon. Apenas Deus sabe o que nos espera.

O filho do carpinteiro não conseguiu deixar de pensar em Yirmeyáhu. Como seria bom se todos fossem como aquele homem. No entanto, não seria tão fácil conquistar o coração do mundo. A alma de Yirmeyáhu estava pronta para a mensagem; talvez ele estivesse aguardando há anos que algum rabino, um fariseu, ou um escriba chegasse e desse o braço a ele e o ensinasse os segredos da vida e de Deus. Só que ninguém jamais fez isso por ele. Possivelmente, na sinagoga, o rabino deve ter mandado ele se calar em várias ocasiões quando ele fazia suas perguntas ingênuas, mas de crucial importância para ele. Em mim, ele encontrou as respostas que procurava. Ah, como eu queria que todos fossem como ele! Ansiosos pela verdade e pelo desejo de conhecer Deus; sequiosos por amar e perdoar o próximo, pois ninguém é isento de pecado para condenar o outro. Além disto, quem tem maior gratidão é justamente aquele que teve o maior número de pecados perdoados. Como poderei saber o que Yirmeyáhu fez durante sua vida? Acaso não foi ele um zelote, um assassino? Quantas vidas de romanos ele não tem sobre suas costas? Acaso não foi ele um adúltero, pois adúltero não é somente a mulher que se deita com outro homem, mas também o homem que se deita com outra mulher? Não será ele um patrão cruel que açoita seus servos diariamente? Mas qual é a importância do seu passado para mim? Nenhuma. Eu quero mudar o futuro das pessoas, pois o amor limpa as más ações passadas. Bom seria se todos fossem como Yirmeyáhu.

Yohannah e Rivkah estavam arrumando a casa, ajeitando a bagunça que havia sido deixada pelos ouvintes de Yeshua. Shimeon estava reclinado na esteira, pensando nos acontecimentos daquele dia.

— Shimeon, — a sogra se dirigiu ao genro — o que você pretende fazer?

O fatigado pescador mudou de posição, deitando-se de costas — Em relação a quê, minha sogra?

— Em relação a Yeshua — ela disse.

— Não sei. O que vocês acham que devo fazer? — Shimeon devolveu a questão, rindo interiormente ao ver-se livre do problema. O que elas disserem, eu farei. Aos menos assim me eximo da responsabilidade; porque se eu disser que o seguirei, elas cairão como corvos sobre mim, condenando-me por minha irresponsabilidade: "Onde já se viu um pai de família sair correndo atrás de qualquer profeta que aparece na cidade?", já posso ouvir Rivkah me repreendendo. Agora, se eu disser que não o seguirei, ela me condenará, porque um profeta, talvez o Messias, surgiu na porta de nossa casa e nós não agarramos esta oportunidade. "Seremos motivo de escárnio para o nosso povo!", ela dirá. Conheço minha sogra e ela não me colocará numa armadilha. Não nasci ontem.

— Eu acho que você deve acompanhá-lo. Yeshua é a pessoa mais extraordinária que nossa família jamais conheceu, não podemos deixá-lo escapar — Rivkah estava entusiasmada. Shimeon pôde até ver algumas lágrimas rolarem dos seus olhos.

Yohannah, segurando na mão da mãe, como se isto fosse algo que eles já houvessem ensaiado antes, falou:

— Não se preocupe, Shimeon, nós ficaremos bem. Reserve um lugar ao lado do Senhor para nós.

Sem qualquer tipo de sensibilidade, Shimeon interrompeu a declaração:

— Onde estão as crianças?

— Andreas as levou até Beth-tsaida para ficarem na casa de seu pai — Yohannah respondeu — Elas insistiram tanto que não tive como recusar.

— E por que eu não fui informado disto antes, Yohannah? Você não sabe que a palavra final nesta casa é minha? — Shimeon se ergueu e fulminou a esposa com o olhar.

— Mas foi o seu irmão quem as levou — Rivkah interveio — E ele as está levando para a casa dos seus pais. Que mal há nisto, meu genro?

Shimeon se calou e voltou a se deitar. Um torpe silêncio reinou. Tudo o que se ouvia eram os ruídos das tigelas de barro e dos utensílios de madeira que as mulheres moviam de um lugar para o outro.

Ao menos, Shimeon estava contente pela decisão das mulheres. Seria bom mudar um pouco de ares e ele tinha muito a aprender com Yeshua. As mulheres ficariam bem. Na verdade, era mais fácil que as mulheres conseguissem sobreviver sem os homens do que os homens sem as mulheres. E, com estes pensamentos, Shimeon adormeceu.

8 DE KISLEV, ANO 3789 DO CALENDÁRIO HEBREU
KEPHAR NACHÙM, HAGALIL

Quando Shimeon e sua família despertaram para irem encontrar Yeshua na casa de Zebadiah, o nazareno e Miriam já haviam saído.

— E para onde eles foram, Yohanan? — Shimeon puxou o jovem até um canto e perguntou.

— Foram caminhar nas margens do lago.

— E o que faremos com esta multidão que está começando a chegar? — Yaakov estava preocupado, pois logo não haveria espaço para mais ninguém no pátio.

— Eu vou procurá-lo e o trarei até aqui — Shimeon disse, levando Andreas, que havia acabado de chegar de Beth-tsaida, consigo.

— Que negócio foi este de levar meus filhos sem a minha autorização? — Shimeon repreendeu o irmão — Você não sabe que pode destruir um lar? Bastar deixar o controle da situação nas mãos das mulheres uma única vez e elas pensarão que podem mandar sempre. Espero que isto não se repita.

— Ah, pare com isto, Shimeon! Você já perdeu o controle da sua casa há muito tempo. Não venha botar a culpa em mim.

Mas Shimeon não achou graça alguma na brincadeira.

Yeshua e Miriam não estavam muito longe da cidade.

— Mestre, mestre! Uma multidão o está esperando em casa — Andreas correu para dar a notícia a Yeshua.

Mas o nazareno não respondeu.

Shimeon se aproximou e se ajoelhou aos pés de Yeshua.

— O que quer que façamos?

Yeshua e Miriam se entreolharam, então, ele falou.

— Primeiro, quero que você se levante. Não sou um rei para ter súditos. Depois, volte e chame Yohanan e Yaakov. Nós iremos para as cidades vizinhas.

— E o povo lá em casa? — Shimeon perguntou.

— Eles já tiveram sua cota inicial do Reino, agora deixem que a mensagem de Deus alcance outros ouvidos. Não temam. Nós retornaremos a Kephar Nachûm um dia e mais prodígios se manifestarão. Agora vão e tragam os outros. Daqui, partiremos para Ein Sheva.

Andreas e Shimeon correram de volta para casa e chamaram os filhos de Zebadiah.

A multidão, descontrolada, agarrou os quatro pescadores e interrogaram-nos.

— Onde está o profeta para nos curar? Para onde vocês estão indo?

— Yeshua foi embora — Andreas respondeu, desesperado.

— Estamos indo para o lago. Consertar nossas redes — Shimeon acrescentou — Somos apenas pescadores.

Mas o povo não acreditou neles e ameaçaram espancá-los se eles não contassem a verdade.

Yohanan, desvencilhando-se da ameaçadora multidão, parou na soleira da porta da sua casa e repreendeu o povo.

— Vocês não têm vergonha dos seus atos e das suas palavras?

O silêncio imperou naquele lugar.

— Não consigo entender como pessoas que dizem estar buscando a palavra de Deus podem ameaçar surrar outras pessoas. Que espécie de devoção é esta? Acaso vocês não temem a ira de Deus? Vocês farão como o povo de Yerusháláyim que mata seus profetas? Se Yeshua foi embora para pregar em outras cidades, vocês devem ter paciência e aguardar o retorno dele. De que adiantaria lançarem pedras sobre nós e nos atacarem com paus? Isto melhoraria a consciência de vocês? Vocês ficariam mais satisfeitos?

Envergonhados, cada um dos homens e mulheres que estavam ali foi embora. Yaakov abraçou o irmão.

— Muito bem, Yohanan. Se você não interviesse, não sei o que teria acontecido conosco. Shimeon, que é um homem respeitado pelo povo, não fez nada e creio que nada faria.

— Meu irmão, não tentei salvar a nossa pele. São as palavras do mestre que brotaram da minha boca. De que adianta falar se não se vive de acordo com o que foi dito? O mestre nos disse para amarmos o próximo e oferecer a outra face ao inimigo que nos esbofeteia. Foi isto que tentei fazer. Tivemos, hoje, a primeira prova de que o Reino está chegando. Talvez, em outros tempos, o povo não ouvisse o que eu disse e mesmo assim nos apedrejasse. Estamos no cerne de uma revolução, Yaakov. Temos de nos manter fiéis aos princípios ensinados por Yeshua, porque nem Shimeon nem Andreas parecem estar muito firmes em suas convicções. Não podemos abandonar o mestre em circunstância alguma. Você me promete isto? — Yohanan sussurrou para Yaakov.

— Prometo. Eu protegeria a vida do mestre como se fosse a minha própria.

Yeshua e Miriam esperavam os pescadores no mesmo lugar de antes.

— Quase fomos apedrejados pelo povo na cidade — Shimeon comentou com Yeshua.

Yeshua acariciou a barba e respondeu.

— E isto é apenas o começo. Quem se dispõe a falar e a agir segundo a verdade deve estar preparado para morrer por ela.

Mas os discípulos se assustaram com o que o nazareno disse. Quando estavam a uma distância da qual não poderiam ser ouvidos pelo mestre, Yaakov, que já não tinha tanta certeza dos seus princípios quanto pouco antes, perguntou a Yohanan.

— Será que teremos de morrer?

Mas Yohanan rapidamente respondeu.

— É claro que não. É apenas uma maneira que o mestre usou para nos dizer que é perigoso falar a verdade. Isto não significa que morreremos por causa dela.

— Ah — Yaakov murmurou. A resposta de Yohanan não o havia convencido. Não estaria Yeshua falando o que estaria por acontecer? Ele é um profeta e deve conhecer o futuro; deve ter sido revelado a ele em sonho ou da boca de Deus dizer que todos nós morreremos nas mãos do povo. Vale realmente a pena morrer por um profeta?

O vento frio castigava a comitiva de Yeshua. Ele e a esposa caminhavam abraçados à frente; Yeshua cobria Miriam com sua túnica. Yaakov e Yohanan seguiam um pouco atrás, ambos protegendo os rostos do vento gélido. Mais atrás, estava Andreas e Shimeon, admirando as ondas que se formavam no lago.

— A pesca será ruim hoje à noite... — Shimeon comentou.

— Não somos mais pescadores — Andreas falou, num misto de satisfação e nostalgia.

23 DE KISLEV, ANO 3789 DO CALENDÁRIO HEBREU
MIGDAL, HAGALIL

Yeshua e seus discípulos viajaram pelas cidades em torno do mar de Hagalil. Foram a Ein Sheva e o mestre ensinou no mercado, e realizou curas e exorcismos. Em Ginosar, atraiu multidões até a margem do lago para ouvirem sua mensagem.

O mestre e os discípulos dormiam nas casas daqueles que aceitavam a promessa do Reino. Às vezes, tinham de dormir ao relento, mas isto também fazia parte da missão. Mesmo sob o frio do chuvoso inverno na Hagalil, eles aceitavam este fardo com alegria. O nazareno os ensinava e contava-lhes parábolas em torno da fogueira. Eles comiam o que lhes davam ou tomavam da parte destinada aos pobres das colheitas de figos e azeitonas da região.

Shimeon ansiava por retornar para casa, pois começara a sentir saudades da esposa desamparada que deixara em Kephar Nachûm. Como estariam seus filhos? Será que Yohannah também estava sentindo saudades dele?

— Não se preocupe com as mulheres, — disse-lhe Yeshua — porque Deus tem um carinho especial por elas. Sua esposa e a sua sogra estão bem.

Miriam estava contente por retornar à sua cidade natal. Migdal era um importante centro comercial e suas ruas eram sempre movimentadas. Apenas os avós de Miriam ainda viviam em Migdal. Seus pais haviam se mudado para Yerushaláyim há alguns anos, onde já residia seu tio Yosef; mas seu pai, Jair, havia morrido logo em seguida e seu corpo jazia em um horto não muito longe de Yerushaláyim. Shimeon e Marta, seus irmãos, também moravam em um vilarejo nos arredores da cidade santa.

Tradicionalmente, a família de Miriam era bastante rica e influente em Migdal. Yosef, o avô de Miriam, havia adquirido fortuna com o comércio de tecidos;

já seu pai havia sido advogado em Yerushaláyim, a mesma profissão de seu tio. Foi ouvindo, às escondidas, as conversas de seu pai com os fariseus locais que ela aprendeu as primeiras lições da *Torah*. Tanto o avô quanto o pai eram grandes sábios: um para lidar com o comércio e com os homens, o outro para lidar com a Lei e com as coisas sagradas.

Yeshua e seus discípulos foram imediatamente para casa de Yosef, o avô de Miriam, e receberam comida e abrigo. A casa era grande e tinha vista para o mar de Hagalil.

Yosef não compreendia por que seu filho havia permitido que Miriam se casasse com aquele mendigo. Sim, havia em Yeshua um brilho especial e radiante que alegrava todos à sua volta, mas concordar que uma bela e rica jovem como Miriam se casasse com um pobre carismático de Nasrat era algo completamente diferente. Pretendentes para Miriam não faltavam em Migdal. Pais vinham até de cidades vizinhas para apresentar seus filhos a Jair, o pai de Miriam, com expectativa de que eles caíssem na graça do importante fariseu de Migdal. De repente, um dia, Yeshua apareceu na porta da casa deles e pediu um prato de comida. Vestia-se de trapos, mas falava coisas maravilhosas. Jair se impressionou imediatamente com a eloquência e sabedoria daquele homem. Havia uma angústia nele, mas também havia uma grande e aterrorizante certeza em suas palavras. Yosef, o avô, queria que Miriam se casasse com um comerciante, mas Jair queria que ela se casasse com um erudito. Por razões óbvias, a vontade do pai prevaleceu. Yeshua não era um erudito no sentido estrito do termo; não era um fariseu tampouco um escriba, não frequentava as escolas rabínicas, porém, conhecia a *Torah* como poucos. Ele citava os profetas e os salmos com perfeição e suas observações sobre a Lei eram singulares.

Jair levou o pretendente até os doutores da Lei de Migdal para testá-lo. Todos ficaram extremamente impressionados com a habilidade mental de Yeshua e Jair consentiu com o noivado da sua filha com o nazareno.

Era com isto que Yosef, o avô de Miriam, não concordava. Quem era Yeshua? Apenas um homem de belas palavras, nada mais. Ele jamais poderia dar a vida que sua neta merecia. É claro que ele não destrataria o esposo de Miriam, mas isto não significava que ele deveria morrer de amores por Yeshua.

Só que desta vez, Yeshua estava bastante diferente. Aquela angústia havia desaparecido, somente a sabedoria e a eloquência transpareciam. Talvez fosse a hora de sentar e ouvir o que ele tinha para dizer.

Mas não houve tempo para isto. Logo correu a notícia que um profeta de Nasrat estava na cidade e que ele havia realizado uma porção de curas em Kephar Nachûm e outras cidades da região. A casa de Yosef foi cercada por uma centena de leprosos e doentes que exigiam que o profeta saísse e os curasse.

— É o fim dos tempos! — Yosef berrou ao ver-se cercado daquela maneira por moribundos e enfermos — *Ha-Satan*[8] enviou seu exército para nos destruir!

Yeshua e seus discípulos, que almoçavam na sala, levantaram-se e foram até a janela para ver do que se tratava.

— Sim, Yosef, é o fim dos tempos — Yeshua falou para o avô de Miriam — E eu sou o mensageiro do fim. Por isto, eles vieram para cá. Buscam a verdade e a salvação.

Ele saiu pelo quintal e subiu até o telhado.

O povo, ao ver o profeta surgir, emitiu um urro de felicidade. Celebravam-no como a um rei.

— Ajude-nos, profeta de Nasrat! Cure o meu filho! Eu não consigo enxergar, nazareno! — o exército dos excluídos clamava por misericórdia.

[8] *Ha-Satan* – Satanás em hebraico.

— Silêncio! — Yeshua ordenou com autoridade — Vou lhes contar uma história: um semeador saiu para o campo para semear. Durante a semeadura, algumas das sementes caíram junto ao caminho e serviram de alimento para as aves. Outras, caíram no meio das pedras e, como não havia muita terra e o solo era raso, elas rapidamente brotaram. Mas, logo que o sol ascendeu no céu, os brotos, por não terem raízes, secaram e morreram. Outra parte das sementes caiu entre espinhos e foram sufocadas por eles quando estes cresceram. Finalmente, uma parte das sementes caiu em solo fértil e fofo. Elas deram muitos frutos, algumas cem, outras sessenta, outras trinta. Quem tiver ouvidos que ouça.

— O que isto significa, nazareno? — alguém do povo gritou.

Fingindo não ter ouvido a pergunta, Yeshua prosseguiu.

— Há ainda uma outra história: o reino dos céus é como um homem que plantou sementes de excelente qualidade no seu terreno. Mas o seu vizinho, que era um homem invejoso e iníquo, aguardou que todos adormecessem para ir até o campo e plantar erva daninha entre o trigo. Quando o trigo começou a crescer, com ele cresceu o joio. Os escravos do dono do campo, ao ver aquilo, chamaram-no e lhe perguntaram: "Mestre, o senhor não plantou boa semente neste campo?". Mas ele respondeu: "Isto é coisa do meu vizinho, que é invejoso e me toma por inimigo". Os escravos, então, lhe perguntaram: "O que deseja que façamos? Devemos arrancar a erva daninha?". O senhor, sendo um homem sábio quanto às coisas da agricultura, respondeu-lhes: "Não. Iremos aguardar que tanto o trigo quanto o joio cresçam, pois se vocês tentarem arrancar agora o joio, com ele vocês arrancarão também o trigo. Na hora da ceifa, quando formos colher o trigo, então eu ordenarei que vocês cortem primeiro o joio e os atem em feixes para serem lançados ao fogo, depois o trigo será colhido e posto no meu celeiro".

E Yeshua ensinou a multidão durante toda a tarde. Quando o sol estava se pondo, ele desceu do telhado e curou aqueles que haviam permanecido em torno da casa, pois muitos não aguentaram esperar e foram embora para suas moradias. E, àqueles que foram curados pelo nazareno, ele exortava-os a não contarem a ninguém o que havia acontecido.

Yosef, o avô de Miriam, ao ver os prodígios que Yeshua realizava, chamou-o, mais tarde, para conversar com ele.

— De onde vêm este poder e esta sabedoria, meu filho?

— A sabedoria vem de Deus, o poder vem da fé — o nazareno falou sorrindo.

— Acho que não compreendi — Yosef coçou a barba.

— Eu lhe digo, Yosef, que se um homem tiver a fé do tamanho de um grão de mostarda, ele poderá dizer a um monte: "Vá para lá!", que o monte irá. Pois Deus deu ao homem todos os dons necessários para que nós possamos conhecê-lo e servi-lo.

Todos estenderam suas esteiras para dormir. Naquela noite, no entanto, Yosef não conseguiu descansar, porque ficou pensando naquilo que ouvira Yeshua dizer.

No silêncio da noite, Yohanan, que estava inquieto, se aproximou de Yeshua que dormia e o cutucou com delicadeza.

O mestre entreabriu os olhos e despertou.

— O que foi, Yohanan?

— Eu não estou em paz, mestre. Eu gostaria de compreender as parábolas que você narrou ao povo. Não conseguirei dormir sem saber o que elas significam.

No entanto, não era somente a Yohanan que os ensinamentos do nazareno haviam inquietado. Pois todos os seus seguidores estavam rolando nas esteiras, sem conseguirem descansar. Apenas Miriam dormia o sono dos justos. Vendo que o sentimento era coletivo, em sussurros, Yeshua explicou aos discípulos o significado da parábola.

— O semeador semeia a palavra. Algumas pessoas estão à beira do caminho, onde a palavra é semeada; mas, mal ouvem, o orgulho e o egoísmo vêm e retiram a palavra neles semeada. Igualmente, sementes semeadas em cascalho são aquelas que, ao ouvirem a palavra, logo a recebem com alegria; mas não têm raízes em si mesmo, são inconstantes e, assim que surgem dificuldades ou perseguições por causa da palavra, eles fraquejam. Outras pessoas ainda recebem a palavra entre espinhos: ouvem a palavra, mas vêm as preocupações do mundo, a fascinação das riquezas, as muitas cobiças e a sufocam e tornam-na estéril. Os que recebem a semente em terra fértil são aquele que ouvem a palavra, acolhem-na e dão fruto, uns trinta, outros sessenta e outros cem.

— Ah, então é isto! — Yohanan exclamou aliviado.

Um peso havia sido retirado das mentes daqueles homens. Mas logo Yeshua os exortou.

— Eu gostaria que vocês se esforçassem para entender o sentido daquilo que eu digo. Porque, se vocês não entenderam esta parábola, que é razoavelmente simples, como é que vocês entenderão as demais? Não pensem que ficarei explicando tudo aquilo que falo, porque, se falo por parábolas, é justamente para que as pessoas mais simples possam entender e compartilhar do Reino.

— Mas nós somos simples pescadores do mar de Hagalil, mestre, não somos bons para lidar com sutilezas — Shimeon desabafou.

Yeshua sorriu e acarinhou os cabelos de Shimeon, como se ele fosse uma criancinha desamparada.

— Vocês pensam que foram vocês que escolheram me seguir, mas é justamente o contrário; fui eu quem os escolhi. Eu nunca subestimei a inteligência que há em cada um de vocês. Não me decepcionem. Agora, vamos dormir, por favor, porque estou morrendo de sono.

14 DE TEVET, ANO 3789 DO CALENDÁRIO HEBREU
EIN SHEVA, HAGALIL

Após terem permanecido quinze dias na casa de Yosef, Yeshua, Miriam e seus discípulos decidiram retornar a Kephar Nachûm. Todavia, por onde Yeshua passava, ele arrastava uma turba atrás de si, atrasando bastante sua marcha. De Migdal, juntaram-se ao nazareno por volta de cem pessoas, homens e mulheres, em Ein Sheva, mais cinquenta. Vendo que aquela multidão ansiava por ouvir suas palavras, Yeshua subiu em um monte, distante de Kephar Nachûm em aproximadamente oito estádios[9], e pediu que todos se sentassem porque ele queria lhes falar.

— Vocês estão me acompanhando desde deixei Migdal. Alguns vieram dos confins da terra para ver o profeta de Nasrat. Muitos me perguntam: mestre, quem herdará o Reino dos Céus? Por isto, eu lhes digo: felizes aqueles que são pobres de espírito, que são proibidos de entrar nas sinagogas pois os saduceus e os fariseus os consideram impuros, porque deles é o reino dos céus.

Ele se agachou o tocou a cabeça de uma mulher vestida de branco, sinal de luto.

— Felizes aqueles que hoje choram, porque estes serão consolados. Felizes os mansos, porque possuirão a terra.

Um homem magérrimo reuniu coragem e gritou:

— Mas nós temos fome, mestre. Teremos alimento neste Reino?

Yeshua se aproximou dele e disse:

— Felizes os famintos e os sedentos de justiça, porque serão saciados. Felizes os compassivos, porque alcançarão misericórdia.

---

[9] Estádio é uma antiga medida grega de distância, equivalente a 206,5 m.

O mestre viu uma mulher carregando uma criança de colo. Ele tomou o bebê nos braços.

— Felizes os puros de coração, porque verão a Deus. Felizes os pacíficos, porque serão conhecidos como filhos de Deus.

A criança balançava os bracinhos e as perninhas e sorria com suas gengivas nuas para Yeshua. Ele devolveu a criança aos braços da mãe.

— Felizes os perseguidos por causa da justiça, porque deles é o reino dos céus. Felizes aqueles que forem insultados e perseguidos por causa das minhas palavras, porque grande será a recompensa deles. Assim foram perseguidos os profetas antes de vocês.

— Nós seremos perseguidos? — uma mulher se desesperou — Como poderemos suportar isto, mestre? Somos fracos e não temos como nos defender.

Yeshua tomou a mulher pela mão com gentileza.

— Vocês são o sal da terra. Mas se o sal se estragar, com que se salgará? Já não servirá para nada a não ser para ser jogado fora e pisado pelos homens. Vocês são a luz do mundo. Quando se acende uma lamparina, não é para pô-la no alto de uma colina, onde não será vista pelos homens, tampouco para ser escondida debaixo de uma vasilha. Mas sim para ser posta à vista de todos e iluminar a casa. É assim que vocês devem agir; devem deixar que a luz de vocês sirva como indicador para os outros.

— Como podemos fazer isto? — Shimeon perguntou a Yeshua.

— Através das boas obras que vocês realizarem. Deus se manifesta nas obras dos homens. Porque se um homem plantar uma árvore boa, dela se colherá bons frutos; mas se ele plantar uma árvore podre, dela se colherá frutos podres. É pelo fruto que se conhece uma árvore.

— Mas o que você diz, mestre, é muito diferente do que aquilo que está escrito na *Torah* — um erudito de Migdal interpelou Yeshua, porque seu espírito acolhia com alegria os ensinamentos do nazareno, mas sua mente se recusava a rejeitar a Lei de Moshe.

Yeshua olhou diretamente nos olhos do erudito e disse:

— Eu não vim para destruir a Lei, mas sim para cumpri-la. Porque os antigos diziam: "Não matarás". Mas eu lhes digo que, mesmo aquele que somente se encoleriza com o seu irmão, este também está violando a Lei. Quem ofender o seu irmão, também estará violando a Lei. Portanto, antes de irem ao altar para apresentarem sacrifícios ao Senhor, vão primeiro se reconciliar com seu irmão, para depois oferecerem suas ofertas ao Templo. Porque, diante de Deus, somente o sacrifício de animais não basta para purificar um homem. Os antigos diziam: "Não cometerás adultério". Mas eu lhes digo que, mesmo aquele que olha com cobiça sobre a mulher do próximo, este já está violando a Lei. Também foi dito: "Quem repudiar sua mulher, dê-lhe carta de divórcio". Mas eu lhes digo: diante de Deus não há divórcio; e todo aquele que deixa sua mulher e se casa com outra, comete adultério. Os antigos diziam: "Não jurarás falso, mas cumprirás junto ao Senhor os teus juramentos". Mas eu lhes digo que jamais jurem; não jurem pelo céu, porque pertence aos domínios de Deus, nem pela terra, porque é o suporte para os seus pés; nem por Yerusháláyim, porque é a cidade do grande rei; nem por sua cabeça, porque vocês não podem tornar nenhum dos fios do seu cabelo em preto ou em branco. No entanto, quando vocês disserem um "sim", que este "sim" seja "sim", e que o seu "não" seja "não". Os antigos também diziam: "Olho por olho e dente por dente". Mas eu lhes digo, não lutem contra quem lhes agride. Se alguém esbofetear o lado esquerdo da sua face, ofereça-lhe o lado direito também. Se alguém quiser lhe roubar a túnica, dê-lhe também o manto. Se alguém lhe obrigar a carregar um alforje por cinco estádios, carregue-o por dez. Dê o que lhe é pedido e jamais deixe de emprestar aquilo que lhe foi solicitado.

— Mas isto é muito difícil! — um camponês comentou.

— Eu sei que é, meu irmão — Yeshua sorriu para ele — Mas os antigos diziam: "Amarás o teu próximo e odiarás teu inimigo".

— É isto que penso — o camponês interrompeu.

— Só que isto é fácil de se fazer. Qualquer um pode amar aqueles que lhes fazem bem e odiar aqueles que lhes fazem mal. Qualquer um! Por isto, eu lhes digo: amem aqueles que lhes odeiam e orem por eles. Deus faz nascer o sol sobre os bons e os maus; Deus faz chover sobre as plantações dos justos e dos injustos, por que vocês fariam distinção entre eles? Acaso vocês são mais equânimes do que Deus?

O camponês corou de vergonha e se encolheu entre os ombros. Todos riram, inclusive Yeshua, que passou por ele e acariciou seus cabelos. Depois, voltando-se para os demais ouvintes, ele falou num tom jocoso.

— É tão fácil ver no olho do outro um cisco. No entanto, é difícil ver a trave que há no próprio olho.

Todos caíram na gargalhada, mas Yeshua falou mais alto, para que eles pudessem ouvi-lo.

— Como é que alguém pode falar para o outro: "Deixe-me tirar este cisco do seu olho", quando ele mesmo tem uma trave no seu? Não julguemos o nosso amigo, para que nós também não sejamos julgados.

Como timidez, Yohanan indagou a Yeshua.

— Mestre, como se pratica uma boa ação?

— Uma boa ação não deve ser feita diante dos outros homens, para receber aprovação deles. Deve-se praticá-la em segredo, para que somente Deus saiba o que você fez. Uma mão não deve saber o que a outra fez. Não façam como os escribas, os fariseus e os saduceus que, quando dão esmolas, tocam atrás de si trombetas para que todos vejam e admirem a bondade deles. Eu lhes digo que eles já receberam a recompensa deles. Quando derem esmolas, dêem-nas no oculto, porque Deus vê as coisas ocultas e lhes recompensará.

— Como devemos orar? — Andreas, estimulado pela pergunta de Yohanan, indagou.

— Também não façam como os doutores da Lei, que gostam de rezar de pé nas sinagogas e nas esquinas das praças para serem vistos como devotos pelos homens. Eles já receberam a recompensa deles. Assim como vocês devem proceder ao dar esmolas, do mesmo modo devem fazer ao orar. Retirem-se para o silêncio do seu quarto e feche a porta e ore ao Pai no oculto. Também não precisa ficar falando alto e usando muitas e belas palavras, porque Deus já sabe o que vocês precisam antes mesmo de pedirem. Não imitem os pagãos, que fazem preces longas, com muitas palavras. Ou vocês acham que um pai não sabe quais são as necessidades dos filhos?

— Mestre, um homem rico pode entrar no Reino dos céus? — Elisha, um rico comerciante de Kephar Nachûm, soube que Yeshua estava nas proximidades da cidade e havia vindo ao encontro do mestre.

— Irmão, o problema de acumular riquezas na terra é que as moedas enferrujam, são roubadas, deterioram-se. Por isto, é melhor acumular riquezas nos céus, onde elas não enferrujam nem podem ser furtadas. Além disto, o homem rico se preocupa com a sua casa, com medo de que ela seja arrombada por assaltantes; pois onde está a riqueza lá está também o coração do homem. Se a riqueza estiver na terra, o coração do homem estará na terra; se a riqueza estiver no céu, o coração do homem estará no céu.

Vendo a tristeza no semblante de Elisha após ouvir isto, Yeshua acrescentou.

— Não se pode servir a dois senhores ao mesmo tempo. Ou se odiará um e amará outro, ou se dedicará a um e negligenciará o outro. Não é possível servir a Deus e às riquezas.

— O que devo fazer então, mestre? — Elizeu estava mortificado.

Yeshua acocorou diante de Elisha e falou baixinho, somente para que ele o ouvisse.

— Ser rico não significa ser mau. Vá e ajude aos pobres. Faça bom uso daquilo que você possui. Não desperdice o dinheiro que você acumulou com festas e roupas caras, mas construa sua casa sobre um terreno sólido.

— E onde é este terreno? — ainda havia esperança para Elisha.

— Aí — Yeshua apontou para o coração de Elisha — É neste lugar que Deus habita. Ame o seu próximo. Ame-o até você sentir que irá arrebentar se não fizer algo para ajudá-lo. Neste momento, você perceberá como as riquezas materiais são passageiras.

Yeshua se ergueu e falou em voz alta.

— Para que se preocupar com o que vocês comerão para manter a vida ou com o que vestirão para proteger o corpo? Por acaso não é a vida mais importante que o alimento e não é o corpo mais importante que as roupas? Basta olhar para as aves que voam no céu que vocês entenderão o que digo. Elas não semeiam, não colhem nem guardam os cereais em celeiros. No entanto, o Senhor Deus as alimenta. Vocês acham que elas valem mais do que vocês?

— Não! — todos responderam em coro.

Yeshua, satisfeito com a receptividade da plateia, prosseguiu:

— Por que se preocupar, então? Será que preocupações podem acrescentar um dia na vida de vocês? Creio que não. E quanto às roupas? Olhem para os lírios que crescem no campo. Eles não tecem nem fiam, mas eu lhes digo que nem mesmo Salomão com toda sua glória se vestiu como um deles. Agora pensem comigo: se Deus veste assim a erva do campo, que hoje cresce e que amanhã será lançada no fogo, vocês acham que Deus não lhes vestiria? Não sejam tão incrédulos! Não há motivos para se preocuparem com alimento e vestimenta, porque Deus sabe das suas necessidades. Busquem primeiro o Reino que tudo o mais lhes será dado. Não se preocupem com o amanhã, porque a cada dia estão destinados o seu fardo e o seu consolo.

— É tão fácil assim? — uma mulher idosa perguntou — Eu vivi muitos anos e a minha vida não pareceu ser deste jeito.

— Basta pedirem e lhes será dado. Busquem e encontrarão. Batam à porta do Reino e ela lhes será aberta. Algum de vocês daria uma pedra se seus filhos lhes pedissem pão, ou uma cobra se eles lhes pedissem peixe?

Todos negaram com as cabeças.

— Se vocês, que são imperfeitos, conseguem dar coisas boas aos seus filhos, o que se diria de Deus? Ele sabe mais do que ninguém como dar coisas boas a nós, os filhos Dele.

Vendo que o sol se punha e que todos estavam com fome, Yeshua se dirigiu a Elisha e lhe pediu.

— Você se incomodaria de enviar um dos seus servos a Kephar Nachûm e o mandasse comprar alimento para nós?

O comerciante, satisfeito por se ver diante da primeira possibilidade de poder adquirir riquezas no céu, retirou uma bolsa cheia de moedas e deu a um dos servos que o acompanhava para que ele descesse até a cidade e trouxesse alguns pães e peixes para eles se alimentarem.

23 DE TEVET, ANO 3789 DO CALENDÁRIO HEBREU
KEPHAR NACHÛM, HAGALIL

A profusão de pessoas que convergia para a casa de Zebadiah se tornou tão numerosa que Yeshua teve de começar a deixar a cidade para ensinar. Quando seguiam em direção ao campo, Yeshua passou pela mesa de coletoria, onde Levi, um cobrador de impostos, arrecadava as taxas destinadas à manutenção das estradas do império. Esta era a terceira vez que Levi via o profeta passando por ali e, em todas estas circunstâncias, ele se sentiu tentado a deixar sua mesa para trás para poder ouvir o que aquele homem tinha para dizer.

Tal inclinação não passou despercebida diante do mestre que, nesta ocasião, chegou até Levi e o convidou.

— Venha conosco.

Envergonhado, o cobrador de impostos baixou os olhos, pois os hebreus o consideravam um traidor da religião e da pátria.

— Não posso.

— E por que não, meu irmão? — Yeshua insistiu.

— Por dois motivos: primeiro, porque creio que os seus companheiros não gostariam de compartilhar da minha companhia, e, depois, porque não posso deixar sozinha a mesa da coletoria.

— Nenhum destes motivos é forte o bastante para impedi-lo de vir conosco. Siga-me, irmão.

Levi estava completamente desarmado. Por mais que todos ali o odiassem, havia alguém, um homem maior do que todos que ele jamais havia conhecido, que o chamava para segui-lo. Por mais que coletar os impostos fosse o seu sustento — e não apenas um sustento, mas aquilo que o havia proporcionado uma razoável riqueza —, havia um homem que lhe prometia uma fortuna que ele jamais poderia obter servindo os romanos. Milhares de pensamentos passaram pela cabeça de Levi. Quanto dinheiro ele não havia adquirido ilicitamente na sua profissão? Quantas pessoas ele não havia logrado, cobrando além do que deveria? E, mesmo assim, este profeta de Nasrat estava convidando-o a ouvir as palavras de Deus que saem de sua boca.

O cobrador de impostos se levantou e pôs-se a seguir Yeshua até o campo.

Entretanto, os discípulos não ficaram pouco satisfeitos com isto. Andar cercados de doentes e leprosos era uma coisa, aceitável até certo ponto, mas ser cordial com um cobrador de impostos, isto era algo completamente diferente. A maioria dos publicanos era composta por hebreus a serviço dos romanos, o que os tornava duplamente execráveis; além de compactuarem com os invasores e opressores estrangeiros, estes homens ainda renegavam a religião e o Deus de Abraham, Yitskhak e Yisra'el.

— Quem será o próximo que o mestre escolherá para nos acompanhar? — Shimeon estava indignado — Um saduceu? Um legionário romano?

— O mestre deve saber o que está fazendo, Shimeon — Yohanan comentou. De fato, ele havia achado admirável a atitude de Yeshua, mas não podia externar este pensamento para os seus amigos, já que ele sabia que nenhum deles concordaria.

— Ele não aguentará muito tempo esta vida — Andreas acrescentou — Vocês não ouviram o mestre falando que os ricos não entrarão no Reino? Duvido que este publicano tenha coragem de se desfazer das suas riquezas. Dinheiro repugnante, adquirido às custas do nosso povo. Quantas pessoas não morreram de fome para que aquele homem ali... — Andreas apontou para Levi — ... para que aquele homem ali não se fartasse com suntuosos banquetes?

Yaakov, que até aquele momento havia ouvido o debate em silêncio, falou.

— Será que ele não é um espião enviado por Herodes? Ele mandou prender o Batista, quem garante que não pretende encarcerar nosso mestre também?

Ao fim do dia, Yeshua e os seus voltaram para Kephar Nachûm.

— Mestre, você entraria na casa de um publicano? — Levi sussurrou no ouvido do mestre, para que somente ele escutasse.

— Mas é claro, Levi! — o nazareno disse — Qual a diferença entre mim e um publicano?

— Eles são pecadores! — Shimeon se intrometeu na conversa.

— E você não é? — Yeshua perguntou.

Shimeon se calou.

— É que eu gostaria de convidar você e os seus discípulos para cearem em minha.

— Certamente que iremos, Levi! — Yeshua disse.

— Então enviarei meu servo para que ele avise as cozinheiras para prepararem o jantar.

E assim ele fez. O menino mirrado disparou na dianteira, desaparecendo pelas vielas da cidade.

Todavia, como era de se esperar, os discípulos não estavam contentes com a atitude do mestre. Murmurando, eles discutiam.

— Eu não entrarei na casa daquele cobrador de impostos! — Shimeon era o mais revoltado de todos.

— Pense bem, Shimeon — Yohanan tentou apaziguar o ânimo do pescador — O mestre, desde quando nós o conhecemos, andava com os leprosos e com aqueles que são considerados impuros pela Lei. Esta é a missão dele. Ele mesmo nos disse isto.

— Não me lembro de ter ouvido nada parecido — Shimeon retrucou.

— Então apure mais o seu ouvido — Yaakov, insuflado pela coragem do irmão, tomou o partido de Yohanan — Se você não estiver de acordo, volte para o mar e para as redes. O mestre não precisa de homens como você.

— Concordo com Shimeon. Se nós aceitarmos entrar na casa de Levi, em breve teremos de almoçar com gentios, em pouco tempo estaremos dormindo sob o teto de adoradores de ídolos — Andreas se manifestou.

— Se for por este caminho que Yeshua nos conduzirá, então eu prosseguirei fiel atrás dele — Yohanan estava exaltado — Não me importo com quem o mestre faz suas refeições. Importo-me somente com aquilo que ele diz e com a promessa do Reino. "Busquem o Reino e tudo mais lhes será dado", foi isto que ele nos disse e é com isto que me ocupo. Voltem para suas casas, Shimeon e Andreas. Vocês não quererão ser vistos na companhia de um publicano.

Shimeon e Andreas desviaram o olhar e baixaram as cabeças. O peso da repreensão de Yohanan os havia abalado. Seria a fé deles tão instável assim para fraquejaram diante de um coletor de impostos? E quando a situação ficasse realmente difícil, quais seriam suas reações?

Quando chegaram à moradia de Levi, o cheiro da comida já podia ser sentido. O publicano indicou um lugar de honra para que Yeshua se sentasse, enquanto os demais discípulos se alocaram em torno da mesa. O lugar do anfitrião era ao lado do mestre. Pouco mais tarde, amigos e colegas de Levi também apareceram para a ceia, pois eles haviam sido informados que o profeta de Nasrat não fazia distinção entre pecadores e aqueles que cumpriam os preceitos da Lei; ou melhor, que este mestre preferia o convívio dos excluídos — pobres e pecadores —, ao invés de ficar bajulando os saduceus e os escribas.

Consternado, Shimeon comentou com Andreas.

— Não bastava um publicano somente, agora temos um exército deles.

O jantar foi servido e todos se fartaram das mais saborosas iguarias. Até Shimeon, após algumas goladas de vinho, conseguiu se divertir na companhia dos cobradores de impostos.

Ao saírem da casa de Levi, alguns fariseus que passavam por ali se depararam com Yeshua e seus discípulos. Espantados com o acontecimento, chamaram Shimeon e lhe perguntaram.

— O seu mestre agora deu para jantar com cobradores de impostos? Você sabe me explicar por quê?

No entanto, Shimeon estava constrangido demais para conseguir elaborar uma resposta convincente.

Mas Yeshua, que acompanhava do longe a cena, dirigiu-se aos rabinos.

— Ei, vocês!

— Sim, nazareno, o que quer?

— Digam-me uma coisa. A quem os médicos devem atender? — Yeshua sorria.

Zombeteiros, eles responderam.

— É óbvio que um médico deve atender aqueles que estão enfermos.

— Então, eu vim para chamar os pecadores e não os justos, porque os justos já estão sãos!

Humilhados, os fariseus fingiram não haver entendido a resposta de Yeshua e foram embora.

25 DE TEVET, ANO 3789 DO CALENDÁRIO HEBREU
KEPHAR NACHÚM, HAGALIL

Estando Yeshua, Miriam e seus discípulos descansando na casa de Zebadiah, alguns anciãos aparecerem e pediram para falar com o mestre. No pátio, a multidão que seguia Yeshua também repousava.

O nazareno foi até eles e perguntou o que os havia trazido até lá.

— O servo do centurião da cidade está muito doente. Este servo é muito estimado deste oficial e lhe prestou serviço durante muitos anos.

— Por que eu curaria o servo de um pagão? — Yeshua perguntou, pois queria testar a fé dos anciãos.

— Em verdade, o centurião é um homem caridoso e ele próprio ordenou a construção da nossa sinagoga. Ele ama muito o nosso povo.

— Além disto, — outro ancião acrescentou — ele sequer pensaria em vir até aqui pedir-lhe para que você curasse o servo dele, pois ele se julga indigno de tal benção. Nós, em consideração a ele, viemos por nossa livre iniciativa interceder por ele junto de você.

Yeshua pediu, então, aos anciãos que trouxessem o centurião até a casa de Zebadiah.

Sem muita demora, o centurião apareceu, trajado com suas vestes militares, e, com olhar baixo, aguardou até que Yeshua lhe dirigisse a palavra.

— Vamos até sua casa para que eu veja o seu servo — o nazareno disse, pondo-se a caminho da moradia do oficial.

Surpreso, o centurião bloqueou a passagem de Yeshua.

— Não!

Um profundo silêncio pairou no ar. Shimeon estava prestes a esmurrar o centurião, pois não deixaria que um pagão se antepusesse ao mestre. Era uma emboscada para capturar Yeshua! Shimeon pôs a mão sobre o cabo da sua faca.

Mas Yeshua tocou o ombro do oficial.

— Você não quer que eu cure o seu servo?

— Sim, é claro, mestre — o centurião falou em grego — Mas não creio ser digno de recebê-lo em minha casa. Aliás, eu nem me considerava digno de estar em sua presença, se não fosse pela insistência dos anciãos da cidade. Porque basta apenas que você pronuncie uma palavra para curar meu servo.

Calado, Yeshua fitava o centurião.

— Porque eu também sou um subalterno e tenho de me submeter a autoridades superiores a mim, do mesmo modo, eu sou comandante de muitos e eles obedecem às minhas ordens. Se eu digo a alguém: "Vai!", ele irá; ou se eu digo: "Venha!", ele virá; e se eu ordenar a um escravo meu que ele faça algo, de pronto, ele fará. Por isto, sei que você serve a Deus, e que os homens lhe servem. Basta que você dê alguma ordem, que isto ocorrerá.

Yeshua olhou para os homens e mulheres que descansavam no pátio, em seguida para os discípulos e falou.

— Nem mesmo entre aqueles que me seguem eu vi tanta fé. Vejo que você compreende bem como é possuir autoridade. Porque você teve fé, o seu servo o estará aguardando, em casa, curado da enfermidade.

O centurião não sabia como agradecer ao mestre. Desajeitado, ele estendeu uma bolsa cheia de moedas a Yeshua, mas foi repelido.

— Pegue este dinheiro e prepare um banquete em sua casa para comemorar a recuperação do seu servo. Depois, abra as portas da sua casa e convide a todos, pobres, doentes, escravos e fariseus para cear com vocês. E todo aquele que aceitar o seu convite estará buscando o Reino dos Céus.

O centurião agradeceu o profeta de Nasrat, depois seguiu em direção à sua casa.

No caminho, um dos escravos veio ao seu encontro, gesticulando e proferindo em alto e bom tom.

— Mestre, mestre, o seu servo está curado!

Mal podendo acreditar naquilo que ouvia, o centurião apertou o passo para ver com os próprios olhos o milagre que se realizou.

5 DE SH'VAT, ANO 3789 DO CALENDÁRIO HEBREU
KEPHAR NACHÛM, HAGALIL

Uma agradável manhã de inverno. As pessoas se dirigiam à sinagoga para o culto do *Shabat*. Miriam havia ficado em casa com Shlomit, ajudando-a nos afazeres domésticos. Enquanto isto, o nazareno e seus discípulos mais próximos saíram para caminhar pelas plantações nos arredores da cidade.

Yohanan começou arrancar algumas espigas e a distribuí-las aos amigos para que comessem.

Alguns fariseus, que passavam pela estrada, reconheceram os discípulos de Yeshua e condenaram Yohanan.

— Por que vocês estão fazendo algo que não é permitido no *Shabat*? — depois, voltando-se para Yeshua — Você não é o mestre deles? Ordene que eles parem imediatamente de transgredir a Lei.

Mas Yeshua também apanhou uma espiga e retrucou.

— Vocês nunca leram sobre aquilo que David e seus colegas fizeram quando tiveram fome? Como eles entraram na casa de Deus, no tempo em que Ebyathar era o Sumo Sacerdote, e comeram os pães sagrados, que só podem servir de alimento aos sacerdotes?

Um dos fariseus se adiantou para retrucar Yeshua.

— Mas...

Porém, Yeshua falou mais alto.

— Não tem "mas"... O *Shabat*, meus irmãos, foi criado para o homem, e não o homem para o *Shabat*. Por isso, nós todos aqui somos senhores do *Shabat* e faremos o que desejarmos.

Escandalizados, os fariseus esconderam seus rostos da vista do nazareno e prosseguiram em seus caminhos, maldizendo a ousadia dele.

Shimeon, que havia se escondido no meio da plantação para não ser visto pelos rabinos, apareceu e se aproximou do mestre.

— *Rabi*, foi sábio responder aos fariseus desta maneira? Ainda hoje, todos na cidade estarão falando deste acontecimento.

— E do que você tem medo, Shimeon? Teme ser apontado na rua como um transgressor? Teme que o seu nome esteja na boca dos rabinos? Teme que o açoitem em praça pública?

— Não é nada disto, mestre. Mas é que a população pode...

— O que a população fará contra nós? Ela nos expulsará da cidade? Ela nos negará alimento? Ela nos humilhará com insultos?

Shimeon corou de vergonha.

— Eu lhe digo, Shimeon, que todos os profetas passaram por isto. Ainda lhe digo mais, isto não é motivo de vergonha, mas de orgulho. Porque os fariseus e os saduceus pensam que estão ajudando o povo a se aproximar de *Yahweh* ao observar todos os 613 preceitos da *Torah*, mas eu lhe garanto que, se um homem obedecer a todas estas leis, ele estará mais distante de Deus do que aquele centurião que desejava ter seu servo curado. Em verdade, quisera eu que todos fossem como ele!

Yeshua lançou a espiga no chão e saiu a caminhar.

— Vamos à sinagoga. Hoje é um dia consagrado ao Senhor.

Yaakov se aproximou de Shimeon e o empurrou.

— Por que você não aprende a ficar quieto? O mestre sabe o que está fazendo!

Quando chegaram à casa de reunião, os fariseus e os anciãos estavam discutindo as atitudes do nazareno. Ao avistarem Yeshua, eles mudaram de assunto. Ao perceber a insatisfação dos anciãos, um dos rabinos elaborou uma armadilha para poderem acusar Yeshua. Havia na sinagoga um homem com a mão torta e inútil; Mal'akhi chamou tal homem e o apresentou a Yeshua.

— Este homem o estava aguardando. Você pode curá-lo, Yeshua? — o rabino perguntou.

Imediatamente, Yeshua identificou a trama.

— Por favor, venha até aqui no meio, para que todos possam vê-lo — o nazareno solicitou ao homem com a mão torta — Eu gostaria que todos os presentes aqui olhassem bem para este homem. Todos aqui são versados nas Escrituras, alguns são doutores da lei e escribas; então, digam-me, é permitido pela Lei curar alguém em um *Shabat*?

No entanto, ninguém ousou responder. Porque se dissessem que sim, os rabinos ficariam furiosos, mas se dissessem que não, eles estariam indo contra os mandamentos de Deus.

Revoltado contra a atitude daquelas pessoas, Yeshua olhou para o homem com a mão torta.

— Você acredita que eu possa curá-lo?

— Sim — ele respondeu com confiança, mas um pouco constrangido por causa das pessoas que o cercavam.

— Estenda a mão.

E assim ele fez, para o espanto de todos, pois ela estava curada.

— Agora vamos embora — Yeshua disse aos seus discípulos — Não temos mais nada a fazer aqui.

18 DE SH'VAT, ANO 3789 DO CALENDÁRIO HEBREU
MAR DE HAGALIL, HAGALIL

Já não havia como permanecer em Kephar Nachûm por causa do assédio da população. Não importava se fosse dia ou noite, sempre havia alguém para ser curado ou ouvidos ansiosos para aprenderem sobre o Reino dos Céus.

Numa certa manhã, Yeshua ordenou aos discípulos que erguessem as velas de um dos barcos e singrassem para a margem oposta do lago. O céu estava incrivelmente azul, mas o vento gelado parecia cortar a pele. Das colinas de Golan, a leste do lago, pesadas nuvens se aproximavam. Os discípulos advertiram Yeshua que poderia ser perigoso deitar o barco na água, pois uma tempestade estava para começar, mas Yeshua não lhes deu ouvidos.

— Chegaremos rapidamente até a outra margem — Yeshua exortou-os.

Obedecendo às ordens do mestre, Shimeon conduziu o pequeno barco de pesca pelas águas mansas do lago. Era assistido por Andreas, Yohanan e Yaakov, enquanto Yeshua e Miriam repousavam, na popa, sobre um manto. Levi estava sentado na proa, observando a embarcação rasgando as ondulações. Kephar Nachûm foi ficando para trás e, de onde eles estavam, era possível ver as baixas construções de Migdal oprimidas pelo Monte Arbel, os monumentos e os palácios de Tveryah, o povoado de Ginosar, Beth-tsaida ao norte e o longínquo Monte Hermon, com seus picos cobertos pela neve, adiante estava Kursi e Sussita.

— É melhor voltarmos para a margem ocidental — Shimeon comentou com Andreas, ao ver a tempestade se aproximando rapidamente.

— Você quer que eu acorde o mestre? — Andreas apontou para que o irmão visse o conforto no qual Yeshua e Miriam estavam.

— Prossigamos — Shimeon murmurou.

No entanto, logo eles foram açoitados pelas primeiras gotas da chuva. Levi se apressou em tirar seu manto e proteger o mestre do aguaceiro. Logo se tornou uma tormenta e o barco era lançado de um lado ao outro pelos ventos ferozes. Granizo castigou os pescadores. Era como se o dia houvesse se tornado noite. Os discípulos se desesperaram. Pressentiam que a catástrofe seria iminente se a tempestade continuasse por muito tempo.

— Mestre, mestre! — Shimeon cutucou Yeshua, que dormia o sono dos justos — Mestre, vamos naufragar.

O nazareno entreabriu os olhos e observou ao seu redor.

— Faça alguma coisa, mestre! — Yaakov gritou da proa — Não queremos morrer!

Enfurecido, Yeshua gritou, tentando se manter de pé sob aquela tormenta.

— Incrédulos! Vocês acham que Deus não tem contado os seus dias?

Apavorados, os discípulos permaneceram mudos.

— Se for a hora de morrermos, então morreremos. Se não for a hora de partirmos para o Pai, então viveremos. Esta é Lei de Deus!

Neste momento, a chuva parou e o mar se acalmou. Yeshua caiu na gargalhada.

— Eu que não sou pescador sei mais sobre estas tempestades do que vocês! Elas vêm e vão como os pássaros do céu.

Shimeon e Yaakov sussurraram algo sobre um milagre, mas Yeshua voltou a se deitar ao lado de Miriam. Dirigindo-se para Levi, ele falou.

— Obrigado pelo manto, meu irmão.

O ex-cobrador de impostos sorriu com timidez. Estava contente por poder proteger, mesmo que fosse contra a chuva, o seu mestre.

20 DE SH'VAT, ANO 3789 DO CALENDÁRIO HEBREU
JERASH, TETRARQUIA DE PHILLIPPOS

Após ter desembarcado em Jerash, o nazareno e seus seguidores permaneceram dois dias naquela cidade, comendo e dormindo na casa de um amigo de Shimeon.

Quando se preparavam para deixar Jerash e descer para Sussita, a população cercou Yeshua e pediu para que ele curasse um possuído que atormentava a população. Ele morava nos cemitérios e se vestia de trapos, atacava os mercadores desatentos e comia animais impuros. Os moradores do povoado haviam tentado prendê-lo muitas vezes antes sem sucesso. Agora, ninguém mais ousava se aproximar dele e até mesmo seu pai evitava contato com o endemoninhado. Eles viviam em outra região, mas quando começaram os primeiros sinais de possessão, o pai o trouxe para Jerash, onde um famoso exorcista expulsava os demônios; porém, não foi possível curar o possuído. Desesperado, o pai não teve coragem de retornar para casa com o seu filho insano e o deixou à sua própria sorte no deserto que rodeava a margem oriental do Mar de Hagalil.

— Se ele é tão perigoso como dizem, então é melhor não irmos — Yaakov sugeriu a Yeshua.

— E desde quando devemos temer as forças de *Ha-Satan*? — Yeshua perguntou, em um tom zombeteiro — Por acaso vocês não sabem que aqueles que agora ouvem meus ensinamentos serão os exorcistas de amanhã?

— Nós também curaremos as pessoas e expulsaremos os espíritos impuros? — Yohanan perguntou.

— Eu lhes digo que vocês farão muito mais do que isto — Yeshua respondeu, enquanto se aproximavam do cemitério.

Lá em cima de um monte, um homem furioso se debatia e se lançava contra as rochas. No entanto, ao ver aquele cortejo que vinha em sua direção, o possesso se acalmou e olhou diretamente nos olhos de Yeshua.

— O que há entre mim e você, homem? — uma voz rouca brotou dos lábios do possesso — Por que vem me atormentar na minha vida de miséria?

Contudo, Yeshua continuou caminhando em direção ao endemoniado, com o braço estendido e com a mão aberta, tentando alcançar a fronte do rapaz para que a libertação se realizasse.

O possesso recuou, fazendo com que as correntes que estavam suspensas pelo seu corpo tilintassem.

— Não tenha medo. Eu vim para ajudá-lo — Yeshua deu um passo adiante.

— Não há salvação para mim — o possesso recuou.

— Não resista. Isto apenas prolongará a nossa luta. Entregue-se, pois tudo ficará bem.

Acuado, o endemoniado continuava retrocedendo, até que ele notou um rebanho de cabras, não muito longe dali. Na esperança de escapar do profeta, ele correu na direção dos animais. Entretanto, Yeshua o alcançou e se lançou sobre ele. O nazareno e o possuído rolaram pelo solo pedregoso.

— Deixe-me ir! Deixe-me ir! — o possesso se debatia, esmurrando e mordendo Yeshua.

— Não. Quero que você vá embora! Deixe o corpo deste homem! — o nazareno gritou.

Naquele exato momento, os espíritos impuros saíram do corpo do rapaz, que desmaiou.

Yohanan e Yaakov vieram para ajudar o mestre.

De longe, Shimeon, que havia acompanhado a luta, comentou com Andreas.

— Se expulsar espíritos impuros for sempre assim, prefiro continuar com meus barcos e com minhas redes.

24 de Sh'vat, ano 3789 do calendário hebreu
Kephar Nachûm, Hagalil

— Já é hora de retornarmos para nossa cidade — Yeshua falou aos discípulos. Tendo todos embarcado, Shimeon e Yaakov começaram a remar, enquanto Andreas cuidava do leme. Miriam, Levi e Yohanan eram ensinados pelo mestre, o que causou inveja entre os que guiavam a embarcação.

Assim que avistaram o barco de Shimeon se aproximando, as pessoas se aglomeraram na margem do lago, aguardando a chegada do profeta.

Jair estava no meio da multidão. Sua filha estava às portas da morte e talvez o mestre pudesse salvá-la.

Mal Yeshua calcou os pés nos seixos da margem, muitas centenas de enfermos e sedentos por justiça se lançaram sobre o nazareno, implorando por cura e redenção. Jair foi comprimido pela massa e faltava-lhe ar; pensou que desmaiaria. Ele tentou avançar em direção a Yeshua, recebendo cotoveladas, ombradas, pisões nos pés e teve até seus cabelos puxados. Podia ver o topo da cabeça do mestre destacando-se no meio da turba pelo lenço carmesim com o qual ele cobria os cabelos. Mas as pessoas mais próximas de Yeshua estavam decididas a permanecer ao redor dele. Não foi sem muita luta que Jair conseguir tocar o manto do mestre e, ao notar que o profeta havia lhe voltado o olhar, Jair, o mestre da sinagoga, se prostrou — como se fosse um servo desobediente clamando por misericórdia — aos pés daquele homem luminoso.

— Mestre, minha filha querida está nas últimas. Por favor, venha até minha casa para que você possa impor sobre elas suas mãos e salvá-la — Jair implorou.

Mas Yeshua fez sinal de que não havia compreendido, porque as pessoas gritavam e falavam alto. O mestre fez uma concha com a mão e a colocou sobre o ouvido, para tentar ouvir melhor o que aquele homem de joelhos lhe pedia.

—Minha filha está morrendo, mestre. Sei que você pode salvá-la—Jair insistiu.

Yeshua acariciou os cabelos de Jair e falou.

— Leve-me até sua casa.

Com os discípulos abrindo um caminho por entre a multidão, Jair, conduzindo Yeshua pela mão, levou-o até sua morada.

Levi observava tudo do barco, pois não se havia atrevido a enfrentar a massa desesperada. Preferia manter-se afastado da agitação. Miriam também havia ficado no barco; não por escolha própria, mas porque assim havia ordenado Yeshua

Já Andreas, este acabou se perdendo na confusão, Yeshua caminhava à frente com Jair e ele havia não conseguido acompanhá-los. Queria poder estar junto do mestre, mas seria difícil alcançá-lo.

Enfim, tendo chegado à casa de Jair, Yeshua entrou e encontrou as mulheres chorando. Shimeon, Yaakov e Yohanan ficaram na porta, evitando que os curiosos entrassem. O cunhado de Jair veio e falou baixinho para o chefe da sinagoga.

— Sua filha acabou de morrer.

Jair rasgou suas vestes e arrancou os cabelos, porém, Yeshua o segurou pelos braços e o repreendeu.

— Não há motivo para tristeza, homem! Você me chamou até aqui e eu vim.

— Mas é tarde demais... — Jair chorava.

Então, o nazareno se agachou ao lado do corpo da menina, que devia ter seus doze ou treze anos, e tocou o pulso dela, depois a jugular e, finalmente, aproximou seu rosto do nariz dela.

— Não tema, Jair, porque ela dorme somente — Yeshua falou.

A população, que observava tudo da porta, riu e gracejou de Yeshua, pois era um absurdo dizer que um morto só estava dormindo.

— Você me faria um favor? — Yeshua se dirigiu a Jair, muito abatido com o falecimento da filha.

— Claro, mestre.

— Retire todas estas pessoas da sua casa, somente você e sua esposa devem ficar. Depois feche a porta, para que a multidão não nos incomode.

E assim Jair fez.

Tendo restado somente os quatro na casa, Yeshua tomou a mão da menina e sussurrou em seu ouvido.

— Eu a ordeno, menina, acorde e se levante.

Jair não pôde acreditar em seus olhos quando sua filha, que havia sido dada como morta, ergueu-se e procurou por seus pais. A mulher de Jair correu e abraçou a garota; Jair, por sua vez, lançou-se mais uma vez aos pés de Yeshua e os beijou.

— Meu Senhor e meu Deus!

— Vou lhe pedir mais um favor, Jair — Yeshua.

— Qualquer coisa, meu mestre!

— Não conte o que aconteceu hoje a pessoa alguma.

Quando os demais fariseus souberem que o próprio chefe da sinagoga havia recorrido aos préstimos do nazareno, eles se reuniram a portas fechadas com Jair e o repreenderam.

— Nós o proibimos de contar o que aconteceu.

Jair não pôde conter um sorriso.

— Ao menos neste ponto, vocês e Yeshua.

17 DE ADAR I, ANO 3789 DO CALENDÁRIO HEBREU
VALE DE GINOSAR, HAGALIL

Yeshua caminhava pela praia e uma imensidão de pessoas o seguia.

Levi apertou o passo e alcançou Yeshua e Miriam, que caminhavam mais adiante.

— Mestre, o povo quer ser ensinado.

O nazareno estacou e ficou observando a área. O local era uma espécie de anfiteatro natural, onde o palco era a margem do lago e a encosta verdejante a arquibancada.

— Peça que todos se sentem na grama — Yeshua instruiu Levi, que logo correu para cumprir a ordem, sendo auxiliado pelos outros discípulos.

Estando todos devidamente acomodados, Yeshua começou a pregar, dizendo:

— Quando eu digo que vocês devem procurar o Reino, onde vocês acham que ele está?

— Não é o Reino dos Céus, mestre? — um jovem perguntou — Então deve estar nos céus.

Mas um idoso se ergueu e exclamou.

— O Reino tem de estar na terra, porque é aqui que nós sofremos e somos subjugados. O Reino está na terra!

— Em verdade, meus irmãos, eu lhes digo que o Reino não está nem aqui. — e Yeshua apontou para o chão sobre o qual ele estava pisando — Nem lá — e apontou para o céu, onde poucas nuvens boiavam silenciosas — Quem lhes disser que ele está em algum destes lugares, estará mentindo. O Reino está dentro de mim; o Reino está dentro de vocês.

— Como fazemos para encontrar o Reino? — uma senhora puxou a barra na túnica de Yeshua.

— É mais simples do que vocês imaginam. Aqueles que são como crianças recém-nascidas entrarão no Reino.

— Como assim? — a senhora franziu o cenho.

— Eu falo da pureza, minha irmã — Yeshua acarinhou o rosto enrugado da idosa — Sejam puros como as crianças, sejam ingênuos. No entanto, cuidado! Sejam inocentes como as pombas, mas sejam astutos como as serpentes.

— Por que devemos ser astutos como as serpentes? — Yohanan indagou.

— Porque, Yohanan, o Reino é como uma mulher que carregava um jarro cheio de farinha. Enquanto ela andava pela estrada, a alça do jarro se rompeu e a farinha começou a vazar, espalhando-se atrás pelo caminho. Quando ela chegou em casa, ela depositou no chão o jarro e constatou que ele estava vazio.

Todos riram da história que Yeshua contou.

— Mas o que isto significa, mestre? — a questão vinha de um carpinteiro.

— Se vocês encontrarem o Reino dentro de vocês mesmos, então vocês partirão um pedaço de madeira e lá estará o Reino; vocês levantarão uma pedra, e lá encontrarão o Reino. Mas se vocês o procurarem fora de vocês, então ele se espalhará pelo caminho e jamais poderá ser encontrado. Porque o Reino é como uma semente de mostarda, a menor de todas as sementes. Mas quando ela cai em solo arado, produz uma planta enorme e serve de abrigo para as aves do céu.

— Mestre, eu sou um pescador e sou ignorante. Não consigo entender o que você quer dizer... — um velho disse, com timidez.

— O Reino é como um pescador que lançou sua rede ao mar e apanhou vários peixes pequenos. No meio deles, encontrou um peixe grande. Ele atirou de volta ao mar os peixes pequenos e escolheu o peixe grande sem dificuldades — e, ao receber um sorriso do pescador, Yeshua percebeu que ele havia compreendido.

— O Reino, meus irmãos, é como uma semente que foi espalhada pelo homem sobre a terra. O semeador dorme e acorda, dia após dia, noite após noite, e a semente cresce e brota, sem que o semeador saiba como. A terra produz sozinha, primeiro o talo, depois a espiga e, finalmente, os grãos que surgem da espiga. Mas quando o grão está maduro, o homem vem e imediatamente o corta com uma foice, pois sabe que chegou a hora da colheita.

— O Reino é como um mercador que possuía um carregamento de mercadorias e descobriu uma pérola. O mercador era sábio. Vendeu a mercadoria e comprou a pérola para si. É como um tesouro escondido no campo. Um homem o encontrou e o tornou a esconder e, na sua alegria, vai, vende tudo o que tem e compra o campo. É como uma certa mulher. Ela pegou um pouco de fermento, colocou-o na massa e depois assou grandes pães.

Sobre uma colina próxima, Yeshua avistou um pastor que arrebanhava incontáveis ovelhas e cabras. O nazareno apontou para que todos vissem aquela cena.

— O Reino é como um pastor que tinha cem ovelhas. Uma delas, a maior, um dia se desgarrou. Ele deixou as noventa e nove e foi procurá-la até encontrá-la. Depois de ter tido todo este trabalho, ele disse à ovelha: "Eu me importo mais com você do que com as outras noventa e nove".

Ao terminar de falar, um burburinho emergiu das bocas das pessoas.

— O que eu disse que lhes inquietou? — Yeshua caminhava no meio dos homens, mulheres e crianças sentadas na relva.

— Mestre, eu também sou pastor — o burburinho cessou quando um rapaz com os cabelos desgrenhados e a barba para fazer se levantou — Mas se o pastor sair para procurar uma única ovelha, como ele protegerá as outras?

Yeshua chegou perto do pastor e tocou seu ombro.

— Se você é pastor, então você sabe como, às vezes, uma ovelha nos é mais cara.

— Sim, mestre.

— Mas esta história, meu amigo, é uma alegoria. Deus é o pastor, as noventa e nove ovelhas são os fariseus, os escribas e os saduceus. As ovelhas desgarradas são vocês, meus irmãos. As ovelhas perdidas são todos aqueles que não podem ouvir a palavra de Deus senão pelo intermédio de pessoas inescrupulosas, que exigem como preço para o perdão dos pecados o derramamento de sangue.

Os olhos dos ouvintes cintilavam.

— Vocês sabem a quem Deus enviou para resgatar a ovelha perdida?

Mas ninguém respondeu a esta pergunta de Yeshua. Um grande silêncio pairou sobre aquela colina; um silêncio apaziguador e sereno; um silêncio que era ao mesmo tempo ausência e plenitude.

— Eu vim para resgatar todos aqueles que são oprimidos e desgarrados do rebanho! — Yeshua falou com uma voz poderosa, que ecoou pelas veredas e flutuou sobre o mar.

Então, em uma explosão de entusiasmo, as pessoas se ergueram e avançaram sobre Yeshua, tentavam agarrar suas vestes e beijá-lo, queriam tocá-lo, pois acreditavam que com o mero toque elas seriam curadas ou perdoadas dos seus pecados. Andreas e Shimeon tentaram conter a multidão, mas foram arrastados por ela. Yeshua recuou e mergulhou seus pés nas águas do mar de

Hagalil. Miriam correu e se lançou no interior do barco que estava atracado ali. Yeshua também embarcou e pediu que Shimeon afastasse o barco um pouco da margem. O mestre desejava ensinar mais, porém, a euforia era tamanha que era impossível ser ouvido. Yeshua e seus discípulos tentaram restabelecer a ordem, mas não havia mais como.

Por fim, o nazareno decidiu entregar-se ao seu destino e retornou à terra. Mais uma vez, foi cercado pelas pessoas. Impondo as mãos sobre elas, Yeshua curava doentes, abria olhos de cegos, fazia surdos ouvirem e purificava leprosos. Alguns caíam de joelhos em transe, falando em línguas incompreensíveis, outros choravam de emoção. Yohanan, que estava ao lado de Yeshua, sorria de felicidade. Shimeon e Andreas estavam assustados com o furor das massas, que faziam de tudo para se aproximarem do mestre. Miriam, a esposa de Yeshua, observava tudo do barco. O seu marido estava cumprindo a missão dele. A missão dada por Deus.

4 DE NISAN, ANO 3789 DO CALENDÁRIO HEBREU
NASRAT, HAGALIL

Estava se aproximando Chag Ha'Matzot, a festa dos pães ázimos, e Yeshua resolveu visitar sua família em Nasrat. Lá chegando, ele, sua esposa e seus discípulos foram acolhidos secamente por Miriam, sua mãe.

— Não bastava ter a boca dos meus filhos para alimentar, agora tenho a boca do meu filho, da minha nora e dos amigos do meu filho — ela disse ao receber todos em sua humilde habitação.

No entanto, os rumores da chegada de Yeshua já haviam se espalhado e os leprosos e aleijados convergiram para a casa de Miriam. Não querendo se indispor com sua mãe por causa daqueles que buscavam o Reino, Yeshua e seus discípulos deixaram o perímetro da vila e ele os ensinava nos campos.

Mas, à tarde, quando retornavam a Nasrat, os anciãos se aproximavam para testar Yeshua. Pediam-lhe para que ele interpretasse trechos da *Torah* e debatiam sobre temas da *Mishnah*, a lei oral. No entanto, Yeshua superava a todos os anciãos, tanto em compreensão dos mistérios da vida quanto em prudência e sabedoria.

Por esta razão, os mais velhos se espantaram e invejavam o filho do carpinteiro.

— Quem é ele para nos explicar a Lei? — eles discutiam entre si.

— Não é ele filho de Yosef e de Miriam? Não conhecemos seus irmãos, Yosef, Shimeon, Yaakov e Yehudhah? Não conhecemos as suas irmãs? De onde vem esta sabedoria? — outro perguntou.

— Na minha opinião, ele se trata de um impostor — outro ainda acrescentou.

E, por causa destes preconceitos, os mais velhos de Nasrat decidiram rejeitar o filho de Miriam; expunham-no ao escárnio público na vila e anunciavam à boca pequena que ele estava possuído por espíritos malignos. O povo preferiu acreditar nos anciãos, porque eles haviam educado muitas pessoas pela *Torah* e eram reconhecidos como homens de grande inteligência e reputação.

Yeshua caminhava pelo vale de Jezreel com o povo e com seus discípulos, quando um coxo se aproximou e, com o dedo em riste, acusou Yeshua de falsário.

— Por que me acusa, homem? Que mal eu lhe fiz? — Yeshua perguntou.

— Disseram-me que você poderia curar minha perna, mas era mentira! — o coxo exclamou encolerizado.

— Por acaso fui eu quem lhe disse isto? — Yeshua recobrou a serenidade.

— Não — o coxo não esperava por esta pergunta.

— E quem lhe falou isto? — Yeshua prosseguiu.

— As pessoas... — o coxo hesitou.

— Quais pessoas? — Yeshua mantinha a seriedade.

— Mercadores, peregrinos... vindos do Mar de Hagalil.

— E você preferiu acreditar em pessoas que vieram de outras terras a acreditar em mim que estou diante dos seus olhos, ensinando sobre o Reino de Deus?

O coxo não respondeu, pois a multidão ria e caçoava dele. Envergonhado, o coxo deixou o local e rumou a Nasrat.

— Vocês sabem por que não pude curar aquele homem? — Yeshua indagou ao povo, apontando para o coxo que subia a ravina até a vila — Por causa da incredulidade dele. Por causa da incredulidade do meu povo! — o mestre ergueu a voz, transparecendo sua revolta — Porque nenhum profeta é aceito em sua aldeia ou cidade; porque nenhum médico cura aqueles que o conhecem. A vocês, povo incrédulo, o Reino dos Céus será interdito!

Então, a população da cidade se revoltou e ameaçou apedrejar Yeshua se ele não realizasse curas e milagres. Yohanan, Yaakov, Andreas e Shimeon se antepuseram ao mestre para protegê-lo do povo enfurecido.

Neste momento, Miriam, a mãe de Yeshua, o seu irmão Yosef e suas irmãs vieram até Miriam, a esposa, e pediram que ela intercedesse junto a ele para que todos voltassem para casa, pois o povo estava exaltado e poderia avançar sobre ele.

— Meu esposo, sua mãe e seus irmãos pedem que você volte com eles para casa, pois eles temem por sua segurança.

O filho do carpinteiro olhou à sua volta e viu a multidão raivosa, com os braços erguidos e gritando, depois olhou e viu sua família ao longe, no topo da colina. Por fim, dirigiu-se carinhosamente a Miriam.

— Quem é minha família, Miriam?

— Como assim, meu esposo?

— Quem são minha mãe e meus irmãos? — Yeshua insistiu, mas Miriam não ousou dar uma resposta.

Então, Yeshua abriu os braços, e este gesto era como se ele abraçasse a todas aquelas pessoas que o insultavam e obrigavam-no a curá-las, e falou.

— Estes aqui são meus pais, minhas mães e meus irmãos — e voltando-se para Miriam — E você, Miriam, você é minha esposa. É com vocês que devo permanecer.

Encabulada, Miriam retornou para junto da mãe de Yeshua.

— Ele disse que ficará mais um pouco, porque o povo está entusiasmado. As pessoas não fariam mal ao seu filho — Miriam jamais conseguiria repetir as palavras que seu marido havia pronunciado. Ela ainda não era mãe, mas entendia que o coração de uma mãe nunca estaria preparado para tamanha rejeição.

Um pouco mais consolada, Miriam, a mãe, deu os braços aos filhos e eles voltaram a Nasrat.

Naquela tarde, obedecendo ao clamor popular, Yeshua curou algumas pessoas e falou a elas sobre o Reino.

15 DE IYYAR, ANO 3789 DO CALENDÁRIO HEBREU
KEPHAR NACHÛM, HAGALIL

Tendo percorrido várias cidades e vilas de Hagalil, Yeshua reuniu aqueles discípulos a quem considerava os mais próximos e lhes disse.

— A maioria de vocês está comigo desde o princípio da minha pregação. Homens como Yohanan, Andreas, Yaakov, Shimeon, Levi e outros têm me acompanhado desde quando cheguei pela primeira vez em Kephar Nachûm e acolheram com fé tudo aquilo que eu dizia; mulheres como minha esposa Miriam, como Shlomit, Rivkah e as esposas dos meus discípulos também receberam com carinho e devoção meus ensinamentos, porém, aquilo que agora eu vou lhes pedir infelizmente não poderá ser incumbido às mulheres, por causa do preconceito e da desconfiança que sabemos que elas encontrariam.

— Mas o que você deseja de nós, mestre? — Shimeon perguntou.

— Eu sou apenas um homem, não posso estar em todas as cidades ao mesmo tempo. No entanto, eu gostaria que minha palavra pudesse alcançar o maior número de ouvidos possível. Eu gostaria que pessoas da Yehuda e da Decápole pudessem compartilhar da boa-nova que Deus me enviou para lhes dar. O que eu quero que vocês façam, meus irmãos, é que vocês, dois a dois, saiam em missão pela Palestina, curando e exorcizando, mas, principalmente, ensinando todo aquele que quiser receber o Reino.

Shimeon, aterrorizado com a ideia de ter de falar em público, questionou.

— Mestre, será que conseguiremos curar as pessoas e expulsar os espíritos impuros? Eu sou um homem tímido, não sei falar para as massas, como conseguirei transmitir a sua mensagem.

— Shimeon, Shimeon... — Yeshua repreendeu o pescador, balançando a cabeça de um lado para o outro — Aí é que está o grande problema, enquanto você pensar que a mensagem que eu lhe transmito é *minha*, você jamais conseguirá pregar. A mensagem, Shimeon, é de Deus! — o nazareno falou com entusiasmo — Nós somos apenas instrumentos de Deus. Quando vocês estiverem diante das multidões, basta que pensem no Reino, meditem sobre as maravilhas que Deus criou, que as palavras certas brotarão de suas bocas. Não há segredo nisto, meus amigos.

— E quanto às curas? — Yohanan indagou — Você nunca nos ensinou como curar, mestre.

— Não sou eu quem cura as pessoas, Yohanan, é a fé delas que as purificam. Se as palavras certas houverem sido ditas, então os milagres acontecerão. A verdadeira cura, a verdadeira mudança, começa no interior das pessoas. Primeiro, vocês devem curar as almas das pessoas, depois, esta cura espiritual se refletirá no corpo delas, assim como o rosto de um pescador é refletido nas águas de um lago. A alma é o pescador, o corpo é o reflexo no lago, o lago é o Reino. Amanhã, antes de o sol nascer, vocês devem partir. Não levem bolsa, nem alforje, nem um par a mais de sandálias, nem duas túnicas. Quando vocês entrarem em uma casa, comam o que lhes for dado; curem os doentes e lhes digam: "O Reino de Deus veio até vocês", e nunca recebam pagamento por isto.

— Em quais cidades devemos passar? — Levi, que sempre gostava de planejar bem as rotas que deveria seguir, ainda quando era coletor de impostos, perguntou, enquanto mantinha o estilo e a tabuleta encerada[10] prontos para registrar a resposta do mestre.

— Não passem pelas cidades dos pagãos, porque a mensagem de Deus é para os filhos de Yisra'el, que há muito tempo se desviaram dos caminhos do Senhor.

---

[10] O estilo, a cera e a tabuleta eram os instrumentos para a escrita usados pelos romanos.

— Como saberemos em qual casa devemos nos hospedar? — Yohanan indagou.

— Perguntem, ao chegar em alguma vila ou cidade, às pessoas quem elas consideram o homem mais justo dali. Se forem aceitos na casa deste homem, permaneçam nela até o dia em que deixarem a cidade. Se forem mal recebidos em algum lugar, não se perturbem, abençoem a todos de lá, mesmo se for sob uma chuva de pedras, porque Deus ama a todos sem discriminação. Se aqueles cidadãos não quiseram receber a mensagem é porque Deus tem algum plano para eles.

Os discípulos ouviram tudo o que Yeshua tinha para falar e aqueles que residiam em Kephar Nachûm voltaram para suas casas. O restante foi com Yeshua para a casa de Zebadiah, que era a hospedaria oficial dos discípulos vindos de outras cidades, apesar da irremediável relutância do proprietário da mesma.

A.D. IX Kal. Iun. DCCLXXXII a.u.c[11]
Maqueronte, Yehuda

Yohanan, o Batista, estava jejuando há três dias. Era impossível ter alguma dignidade nas prisões de Herodes. O tratamento era subumano; o alimento era intragável; as punições diárias. No entanto, Herodes tinha suas reservas quanto a torturar Yohanan. Afinal de contas, o Batista era um homem notório, com várias centenas de seguidores, se não milhares. Os motivos da sua prisão eram fundamentados em boatos e, aparentemente, Yohanan era um homem inofensivo. Por isto, este se recusava a comer. Era a sua maneira de protestar contra os abusos perpetrados por Antipas. O Batista ainda não havia conseguido aceitar as mortes dos seus seguidores no Hayarden; além disto, muitos outros foram capturados depois disto; alguns, inclusive, estavam encarcerados na mesma prisão que Yohanan.

Os soldados encarregados de vigiar os prisioneiros não deram importância à abstinência do profeta. Estes religiosos eram sempre imprevisíveis e incompreensíveis. Se que ele queria se martirizar, autoflagelar-se, não seriam eles que interfeririam neste processo. Se ele quisesse morrer de inanição, este era um problema dele.

Mas Antipas não pensava desta maneira. O jejum do profeta era um grave problema. A notícia da morte de Yohanan certamente causaria um furor generalizado; pois ele não era benquisto apenas por seus seguidores, Yohanan era conhecido e respeitado por várias facções religiosas da Pereia, de Hagalil e da Yehuda. Fariseus haviam ido ao Hayarden para aprender com Yohanan, até alguns soldados romanos haviam sido batizados. As pregações do Batista eram como pragas que se espalhavam céleres pela Palestina. Era uma grande responsabilidade ter o sangue deste homem nas mãos.

---

[11] Ver apêndice.

— O que devo fazer? — Antipas, deitado no seu leito, perguntou à esposa, Herodias.

— Você sabe o que deve fazer — a mulher respondeu, acariciando com as unhas a nuca do tetrarca.

— Não posso matá-lo. O povo se revoltaria contra mim sem piedade.

— E desde quando você se importa com que o povo pensa? — Herodias afogou Antipas com seu olhar — É Tiberius que o mantém no poder, não o povo.

— Só que na hora que uma revolução ocorrer, serei eu quem terá de subjugar os revoltosos, não Tiberius. Não quero que aconteça comigo o mesmo que aconteceu com o meu irmão. Você sabe que Roma não dá a mínima importância para quem está governando estas terras, desde que pague devidamente os tributos e mantenha a paz. Arkhelaos foi corrupto e incompetente, por isto foi deposto por Roma. Agora, imagina se acontecer uma revolta; se meu irmão foi deposto por pouco, não quero ser deposto por muito.

— Yohanan é um homem perigoso, querido. Ele não pode continuar vivo — Herodias se insinuou ainda mais. Ela roçava seus seios no corpo do esposo, enquanto deslizava suas mãos pelas coxas dele.

— Para mim, ele é mais perigoso morto do que vivo — Antipas não se entregava ao toque da mulher, pois a preocupação era demasiada.

— Ilusão sua, querido. Yohanan é um líder político. E ele pode ordenar uma insurreição a qualquer momento. Ou você é ingênuo o bastante para crer que ordens não estão partindo da cela dele neste exato instante?

— Meus homens o vigiam dia e noite, Herodias.

— E quem nos garante que eles não foram convertidos pelo profeta?

— Nada nos garante isto — Antipas respondeu secamente, ainda mais perturbado.

Yohanan foi trazido à presença do tetrarca. Herodes Antipas estava deitado no seu divã, Yohanan estava ajoelhado, pois não tinha mais forças para se manter de pé.

— Temos um sério problema, homem — Antipas se dirigiu a Yohanan.

— Sim — o Batista consentiu com autoridade — Um problema criado por você.

Herodes se levantou e gritou.

— Impertinente! Este problema foi criado por você, não por mim! Eu tento apenas governar meu povo e manter a paz.

— Pelo visto, suas tentativas fracassaram.

— O que devo fazer com você, Batista?

Yohanan não ousou responder.

— Fale-me! O que devo fazer com você?

— Não há nada que você faça que aplacará seus pecados.

— Quais pecados? Do que está falando? — e, sem permitir que Yohanan respondesse, Antipas prosseguiu — O meu pecado foi deixar que você pregasse livremente por tanto tempo. Você deveria ter sido encarcerado desde o princípio.

— Sim. Foi um erro seu não o ter feito — Yohanan escarneceu.

— Além disto, você bem sabe que não posso libertá-lo. Isto está fora de cogitação.

— É melhor que me mate, então — Yohanan se entregou com humildade — Se você não me matar, eu o farei.

— É esta a sua escolha?

— Sim.

— Então facilitou a minha decisão — Herodes se voltou para os soldados que escoltavam Yohanan — Decapitem-no! Depois, dependurem a cabeça deste homem no topo da fortaleza para que todos possam ver o que acontece com aqueles que desafiam meu poder.

Enquanto era arrastado pelos soldados, Yohanan ainda falou.

— Você acabou de decapitar a si mesmo.

Tais palavras caíram como um raio sobre Herodes. Ele havia tomado a decisão errada. Sem dúvida, esta última sentença de Yohanan significa o prenúncio de uma insurreição. O profeta comandaria uma revolta antes de morrer.

A voz rouca de Herodes pôde ser ouvida pelos soldados, que já haviam deixado o salão do tetrarca, dando um último comando.

— Eu quero a cabeça dele agora mesmo!

8 DE SIVAN, ANO 3789 DO CALENDÁRIO HEBREU
TZOR, SURIYA

Após saber da morte do Batista, Yeshua foi instruído por um dos seus seguidores, que havia sido servo em um dos palácios de Herodes Antipas, para que deixasse Hagalil, ao menos por um tempo, pois ele poderia ser o próximo alvo do tetrarca.

Em um primeiro momento, esta ideia pareceu repulsiva a Yeshua, porque ele não havia feito nada de errado para que as autoridades quisessem prendê-lo e executá-lo. Porém, posteriormente, ele chegou à conclusão de que Yohanan, o Batista, também não havia feito nada de errado e, mesmo assim, teve sua vida tirada pelos mercenários de Herodes.

Ele e Miriam partiram de madrugada, para que ninguém os visse e para que a multidão que costumava segui-lo não o denunciasse. Viajaram até Ptolemaida e, de lá, prosseguiram até Tzor, na Suryia. Nesta cidade, eles ficaram na casa de um rabino, na vila judaica. Hananiah era um velho amigo de Yosef, o avô de Miriam, e recebeu com muito afeto a neta de tão caro colega. A casa era luxuosa e decorada em estilo helênico, nela havia um *mikvot*[12] e vários cômodos, as paredes eram ornadas com mosaicos e a água que abastecia a habitação era fornecida pelo aqueduto construído durante a administração romana. A cama do rabino e da sua esposa era suntuosa, com estrado de madeira, bem mais confortável do que as esteiras nas quais Yeshua e Miriam estavam acostumados a dormir. Hananiah tinha em casa três servos, uma cozinheira e um estábulo.

O nazareno e esposa ficaram hospedados sob o teto de Hananiah por quase um mês, tempo no qual Yeshua não realizou cura alguma nem ensinou mais do que quatro pessoas: Miriam, Hananiah e sua esposa,

---

[12] Os mikvot eram os banhos cerimoniais de purificação dos judeus.

e El'azar, o filho mais velho do anfitrião. Na verdade, não se tratava de uma pregação, apenas de discussões bem-humoradas, nas quais Yeshua expunha ao grupo sua mensagem e debatia com Hananiah sobre a *Torah* e sobre os profetas.

No entanto, os boatos de que um profeta de Hagalil estava na casa de Hananiah começaram a se espalhar pela cidade, até que um dia, uma mulher cananeia veio bater à porta do rabino.

Hananiah, sua família e os hóspedes estavam à mesa, quando ocorreu esta inesperada visita. Um dos servos do anfitrião veio até a sala onde eles ceavam e anunciou a presença da cananeia. O anfitrião, sem saber como reagir, olhou para Yeshua, esperando que ele desse ou não autorização para que a mulher falasse com ele.

— Não, meu caro Hananiah. É melhor que eu fique nestas terras em segredo. Profetas estão sendo mortos nos territórios controlados por procuradores e regentes romanos. Se eu ajudar esta mulher, então terei de ajudar a muitas outras.

— Seja feita a sua vontade, meu amigo — Então, Hananiah despediu o servo com ordens para que ele proibisse a entrada da cananeia. Contudo, antes que o servo pudesse deixar o cômodo, a mulher invadiu o local e se lançou aos pés de Yeshua.

— Por favor, mestre, ajude-me!

— Mas o que é isto? — Hananiah se levantou, contrariado por causa da invasão — Saia imediatamente da minha casa!

Mas Yeshua fez um sinal para que ele se acalmasse. Já que ela estava dentro, que permanecesse ali.

— O que a atormenta, minha irmã?

— É minha filha, mestre! Está possuída por demônios! Não sei mais como ajudá-la.

Yeshua passou as costas da sua mão nas maçãs do rosto da mulher.

— Diga-me uma coisa...

A mulher fitou Yeshua, súplice.

— Eu vim para o meu povo. Sou um hebreu no meio de hebreus e o meu Deus é o Deus de Abraham, Yitskhak e Yisra'el. Você acha justo que eu deixe de alimentar a boca dos meus filhos para dar de comer a estranhos?

A mulher olhou para farta mesa da casa do rabino e, com tristeza, comentou.

— Mas mesmo os cachorros se alegram com as migalhas que caem da mesa do dono onde os filhos ceiam.

— Suas palavras são verdadeiras, minha irmã. Porque você acreditou, sua filha será curada. Grande é a recompensa para aqueles que crêem.

Depois, tomando a mulher pela mão, Yeshua a conduziu até a porta da casa.

Todos retornaram para a sala de refeições e o nazareno, ao voltar para a companhia deles, lhes falou.

— Eu e Miriam não podemos mais continuar aqui. Aprazível foi a compa nhia do nosso anfitrião, Hananiah, e grande foi a consideração que ele e sua família teve por nós.

No outro dia de manhã, Yeshua e Miriam já estavam prontos para partir.

12 DE SIVAN, ANO 3789 DO CALENDÁRIO HEBREU
SAYDA, SIRIYA

O nazareno ficou com sua esposa em um caravançará nas noites subsequentes, pois desejava se confundir com a multidão. Em Tzor, a notícia da cura da filha da cananeia se espalhou com o vento e até na Sayda, onde eles estavam agora, ouvia-se o boato de que o profeta havia se dirigido para aquela região.

— Será que jamais teremos descanso? — Yeshua desabafou com Miriam.

— Não sei, meu marido. Não é esta a sua missão?

— Ela é árdua demais para mim. Não fui talhado para isto. Neste exato momento, soldados podem estar me procurando em Nasrat, em Kephar Nachûm e em Migdal, locais onde falei publicamente e reuni grandes audiências. O que nós faremos, Miriam? — havia medo na voz de Yeshua.

Miriam puxou a cabeça de Yeshua e deixou-a repousar sobre seu colo, enquanto ela enrolava as madeixas do nazareno.

— Eu só acho que você não deve desistir agora.

Yeshua olhou profundamente nos olhos da magdalena.

— Eu jamais pensei em desistir, minha esposa. Penso somente que o que ainda há de vir é grande demais para que eu possa suportar. Estamos no princípio do fim.

— O que você está querendo me dizer, Yeshua? — Miriam perguntou.

— Eu estou dizendo, Miriam, que está próximo o dia em que seremos perseguidos e torturados, muitos de nós serão silenciados com flagelos e com a morte. Temo por mim e, principalmente, temo por você.

— Você se lembra, Yeshua, de quando eu lhe falei de que eu estaria ao seu lado para qualquer coisa. Eu sempre soube dos perigos que estaríamos correndo ao tentar mudar a situação nas nossas terras. É preciso uma grande coragem para dizer a verdade. Coragem que encontrei em você. Se Herodes o está procurando, é porque há algo muito sério envolvido nisto. Talvez ele pense que você esteja mobilizando a população para uma rebelião. Não temos como saber o que os espiões de Herodes disseram aos seus superiores.

— Mas a minha mensagem não é política, Miriam. Eu vim para atear fogo às almas das pessoas — Yeshua estava reconfortado por ter alguém com quem confidenciar seus dilemas.

— Eu sei, e os seus seguidores também sabem disto. No entanto, muitos aguardam um Messias para libertar o povo de Yisra'el. Convenhamos, você falou abertamente para que todos ouvissem, podemos supor que revoltosos — zelotes talvez — tenham ouvido suas pregações e pensado que o Reino que você anuncia seja um novo Reino hebreu.

— É possível — Yeshua fechou os olhos.

— Então, também podemos crer que os espiões de Herodes possam ter ouvido conversas de zelotes sobre um Messias, vindo de Nasrat, e que reúne as pessoas e as estimulam a lutar contra o império romano. Herodes, apesar de ser um governante da nossa religião, é também um delegado romano; ele foi nomeado pelo imperador, ou seja, quando o Messias iniciar sua guerra contra os opressores, os domínios de Herodes também estarão ameaçados.

— Só que, sob esta perspectiva, minha mensagem estaria sendo deturpada para fins políticos — Yeshua reergueu as pálpebras e olhou o céu estrelado.

— É justamente isto que os homens costumam fazer; eles deformam tudo para ficar conforme seus objetivos. Isto explicaria a morte de Yohanan. Ele se tornou perigoso demais para o Império, não porque a mensagem dele fosse, de fato, subversiva, mas talvez tenha sido a maneira como os informantes do tetrarca expuseram a situação.

— É difícil aceitar que Yohanan tenha sido assassinado por causa de um mal-entendido — Yeshua inspirou profundamente — Pior do que isto, é difícil aceitar que eu esteja sendo perseguido por causa do mesmo mal-entendido.

— Será que é realmente um mal-entendido? — Miriam coçou a cabeça — Será que o aquilo que tanto você quanto Yohanan disseram não levariam a uma revolução?

Yeshua sorriu diante desta hipótese.

— Yohanan desejava uma mudança em todos os níveis, inclusive no nível político. Além disto, a mensagem dele era a do machado; cortar o mal pela raiz. Mas a minha mensagem é completamente diferente, Miriam, eu venho trazendo o amor. Não quero a luta armada, quero que as pessoas simplesmente se amem e cuidem uma das outras. Não me importo se são os romanos, ou os gregos, ou os hebreus que estejam no poder; importo-me sim se as pessoas estão mais preocupadas em amar e respeitar o próximo, em vez de sacrificarem diariamente centenas de animais indefesos para se purificarem dos pecados. Deus é mais que um Templo, que sangue, que incenso e jejum. Deus é isto aqui — e Yeshua tocou a mão de Miriam que acariciava o seu couro cabeludo.

Nisto, um senhor se aproximou e sussurrou para Yeshua.

— É o senhor o profeta de Nasrat?

— Por que você quer saber isto? — o nazareno perguntou, sem muita cerimônia.

— Um boato está correndo a cidade de que um profeta está neste caravançará.

— Se eu lhe responder esta pergunta, você me promete que não contará a ninguém.

O homem concordou com a proposta.

— Sim, sou eu.

O velho abriu um sorriso sem dentes.

— Posso lhe trazer o meu neto para ser curado? Ele é surdo e mudo de nascença. Minha família ficaria eternamente agradecida com a bondade do senhor.

— Traga-o aqui.

Sem demora, o senhor desapareceu no meio dos camelos e tendas, depois reapareceu, trazendo pelo braço um menino.

Yeshua se levantou e pôs as mãos sobre a garganta e sobre os ouvidos do menino, em seguida, ergueu os olhos para o céu.

— Você acredita que posso curar o seu neto? — o nazareno perguntou ao velho.

— Sim, senhor. Eu acredito com todo o meu coração.

— Pois saiba que a sua fé curou o seu neto — Yeshua continuava com as mãos sobre o ouvido do menino — Abram-se!

Daquele momento em diante, o menino voltou a ouvir e logo começou a grunhir, numa tentativa alegre de se comunicar. O grunhido era, acima de tudo, um agradecimento de alguém que jamais havia podido agradecer antes.

27 DE SIVAN, ANO 3789 DO CALENDÁRIO HEBREU
CAESAREA PHILIPPI, TETRARQUIA DE PHILLIPPOS

A cidade pagã de Banias, também conhecida como Caesarea Philippi, havia sido o ponto de encontro combinado entre Yeshua e seus discípulos.

Yohanan já estava instalado lá há mais de uma semana, enquanto Yaakov havia acabado de chegar. Não foi difícil para Yeshua ser encontrado pelos discípulos, pois, junto com o nazareno, chegou a multidão de seguidores vindos da Suriya e da Fenícia.

Bem-humorado, Yohanan abraçou Yeshua.

— Pelo visto, você não conseguiu passar despercebido pelo território pagão.

— Agora que a roda foi posta em movimento, Yohanan, nada conseguirá detê-la — Yeshua falou ao amigo, que havia deixado Yeshua para saudar Miriam — Onde estão Shimeon e os outros? Ainda não chegaram?

— Não — Yaakov também se aproximou e beijou a face do mestre.

— Onde vocês estão acampados? — Yeshua perscrutou o terreno rochoso, porém verdejante, à sua volta.

Estamos em um caravançará no caminho da Via Maris, bem perto da cidade — Yohanan apontou para o platô sobre o qual a cidade estava situada, tentando indicar a direção do acampamento.

O nazareno olhou para a grande quantidade de seguidores que os cercavam e disse.

— Acho difícil encontrar alojamento para tanta gente.

— Talvez fosse melhor dispensar este pessoal. Não temos como acomodá-los, tampouco alimentá-los — Yaakov raciocinou.

— Faremos o seguinte, — Yeshua considerou — eu pregarei para a multidão até o cair na noite. Então, vocês irão até a cidade e pedirão comida de porta em porta. Agradeçam por qualquer coisa que receberem, e, para aqueles que nada derem, digam-lhe: "A paz esteja com vocês", e saiam sem olhar para trás. Nós dormiremos próximo à nascente do Rio Banias, onde o clima é mais ameno durante a noite. Amanhã de manhã, eu enviarei todos de volta para suas casas para que preguem em suas cidades e falem sobre o Reino.

E foi assim que eles fizeram. Yeshua falou em parábolas e ensinou sobre o Reino dos Céus. Ao cair da noite, Yohanan e Yaakov foram até Caesarea e pediram alimento de casa em casa. Tamanha foi a bondade dos cidadãos que os discípulos tiveram de voltar ao acampamento para pedir ajuda, pois não conseguiam carregar sozinhos os cestos repletos de pães, peixes, figos e ovos.

Após todos terem se alimentado, eles se reuniram em torno de fogueiras para se aqueceram enquanto aguardavam que o sono chegasse, pois as crianças e os mais idosos já haviam adormecido.

Yeshua estava reunido com Miriam e os dois discípulos, quando avistou um grupo que subia até a nascente do rio onde eles se encontravam. Bastou que a luz das fogueiras os alumiasse para que Yeshua reconhecesse Shimeon e os outros discípulos.

— Mestre! — Shimeon correu para os braços de Yeshua, gesto repetido pelos demais.

— Coincidentemente, nós nos encontramos no caminho para cá — Andreas falou com satisfação — Eu e Shimeon nos encontramos em Migdal. Levi se reuniu a nós em Beth-tsaida.

Shimeon puxou Yeshua para um local afastado e falou.

— Além disto, temos uma boa notícia. Quando passamos por Nasrat, um dos seus irmãos decidiu juntar-se a nós.

— Qual deles? Onde ele está? — Yeshua perguntou com ansiedade.

— Ele preferiu ficar lá embaixo. Queria lhe fazer uma surpresa.

O nazareno apanhou da fogueira um toco de madeira para usar como tocha e desceu a encosta para encontrar seu irmão.

Yehudhah aguardava sentado sobre uma rocha. Era incrível a semelhança física entre o caçula e o primogênito. Ele desenhava no chão com um graveto. Ouvindo os passos que vinham atrás de si, ele se voltou e avistou Yeshua, acompanhado de Shimeon e Miriam.

— Yehudhah! Seja bem-vindo! — o nazareno beijou e abraçou seu irmão, que retribuiu o afeto.

— Eu ouvi o que você fez por Hagalil — Yehudhah comentou com humildade — Foi ignorância minha tê-lo rejeitado, meu irmão. Além disso, também havia mamãe, — ele acrescentou — ela sempre me dizia para não seguir os seus passos; porque ela era uma viúva e não tinha como se sustentar sozinha. Por mim, eu teria vindo atrás de você desde o princípio.

— Não vamos falar sobre estas coisas agora — Yeshua silenciou o irmão tapando-lhe a boca — Suba e coma conosco. Deve ter sobrado comida daquilo que recolhemos na cidade.

A presença do irmão insuflou um novo ânimo em Yeshua. Era bom saber que a sua família, ao menos uma parte dela, estava apoiando-o nesta missão. Miriam notou o contentamento do marido e também se alegrou.

Naquela noite, enquanto todos dormiam, os discípulos mais próximos de Yeshua permaneceram acordados, contando as novas da viagem que eles haviam empreendido e cantando cânticos de louvor a *Yahweh*.

— E o que estão dizendo de mim por aí? — Yeshua indagou.

— Uns dizem que você é um dos profetas — Yohanan falou.

— Eliyahu, eu ouvi dizer em Yeriho — Andreas sorria.

— Os espiões de Herodes andam espalhando que você é Yohanan, o Batista, que retornou dos mortos para atormentar o tetrarca — Yaakov, o irmão de Yohanan, disse.

— Ouvi falarem que você é Yirmeyáhu ou Yeshayahu — Shimeon falou timidamente.

— O que dizem em Nasrat — Yehudhah, o irmão de Yeshua, tomou a palavra — é que você é o Messias.

Enquanto ouvia, Yeshua somente sorria.

— E quem vocês dizem que eu sou?

Então todos se calaram.

Gaguejando, Shimeon se manifestou.

— Eu dizia sempre que você é o filho de Deus, mestre.

Fitando-o com olhos fulminantes, Yeshua falou.

— Agraciado você será Shimeon, filho de Yona, porque aquilo que lhe foi revelado não o foi por homem algum, mas sim por Deus. Em verdade, todos nós somos filhos de Deus. Você, Shimeon, é uma pedra... — e quando Yeshua falou isto, todos os discípulos riram.

— É mesmo! Shimeon é tão cabeça-dura e teimoso quanto uma pedra! — Andreas troçou, cutucando com o cotovelo o irmão.

— Sim, Andreas, — Yeshua prosseguiu — Shimeon pode ser teimoso, ranzinza até — uma nova explosão de gargalhadas. Somente Shimeon não ria — Mas será sobre esta pedra que eu erguerei a minha comunidade. Porque sei que, na sua timidez e rabugice, os outros o respeitam e acatam suas ordens.

Depois disto, todos se acomodaram da maneira mais confortável possível e adormeceram, enquanto a flama da fogueira se extinguia.

4 DE TAMUZ, ANO 3789 DO CALENDÁRIO HEBREU
CAESAREA PHILLIPPI, TETRARQUIA DE PHILLIPPOS

Seis dias após despedir os seguidores da Suriya, Yeshua pediu que Shimeon, Yaakov e Yohanan o acompanhassem até o sopé do monte Hermon, pois ele queria orar distante da agitação citadina e das preocupações cotidianas.

Eles caminharam durante toda a manhã e chegaram por volta do meio dia à base da montanha.

— Aguardem aqui, enquanto eu subo naquela elevação para orar — Yeshua ordenou aos discípulos, que erguiam acampamento, porque não sabia quanto tempo permaneceriam ali.

Yeshua escalou, apoiando-se no seu cajado, o terreno pedregoso e alcançou uma laje, onde ele poderia sentar-se e meditar.

— Papai, — o nazareno ergueu seus olhos para os céus, mas, na verdade, a sua concentração se voltava para o seu interior, para o seu coração, para a sua alma — um dia eu fui ao deserto, em busca de uma resposta simples. Demorou; foi longa e penosa a minha espera, no entanto, obtive a resposta para a minha dúvida. Daquele dia em diante, eu não vivi um dia sequer pensando em mim ou em minha esposa, mas vivendo de acordo com a missão à qual Você me incumbiu. Hoje, contudo, sinto-me severamente angustiado, meu Pai. Os homens de Herodes me procuram na minha terra natal porque tencionam me matar; a maioria daqueles que me seguem é porque estão enfermos e desejam a cura; as Suas palavras caem como gotas de chuva sobre um chão arenoso, não têm ajudado a apaziguar as inquietações dos homens, tampouco têm ateado fogo ao mundo. E, assim como ocorre quando a chuva se mistura com a areia, tornando-se lama, do mesmo modo as Suas palavras se tornam pegajosas e turvas quando atingem ouvidos impróprios. Zelotes, revoltosos, assassinos têm usado as palavras que Você põe na minha boca para instigar a destruição e a morte. Você me dizia para atear fogo ao mundo e aguardar que ele se consumisse, porém, sua mensagem é de amor e ela apenas perpetua a injustiça, pois os oprimidos serão, por causa do amor, ainda mais oprimidos, enquanto aqueles que dominam, por causa do ódio, crescerão em poder e em violência. O que devo fazer de agora em diante? Devo persistir no caminho que tenho trilhado ou há novas instruções para a minha missão?

Yeshua esticou o pescoço e olhou encosta abaixo. Diminutos como três formigas, os discípulos aguardavam pacientemente em torno de uma fogueira.

— Ficarei até o pôr-do-sol aqui, pois não é justo que os meus companheiros sejam compelidos a tamanho sacrifício por mim. Eu poderia teimar e agir como da última vez, mas eles não têm a mesma convicção que eu. Isto por uma razão bastante simples: eles me seguem voluntariamente, se quiserem, podem partir quando bem entenderem, eu, porém, não tive esta escolha; fui obrigado a adorá-Lo; fui obrigado a segui-Lo, crendo ou não naquilo que Você me ordena a dizer. Até onde prosseguiremos? Qual é o seu objetivo? O que significa "atear fogo ao mundo"?

O nazareno jejuou e meditou até o pôr-do-sol, sem, contudo, receber resposta alguma. Lentamente, ele se apoiou sobre o cajado e se levantou. Depois, tateando na penumbra, ele iniciou sua descida para junto dos seus amados discípulos. No caminho, porém, Yeshua bateu com o cajado em um algo macio — certamente não era uma rocha, tampouco uma planta, pois a superfície rochosa da montanha era inóspita. Ele forçou a vista e, enquanto seus olhos se acostumaram com a escuridão, começou a distinguir algumas formas. Ele se agachou e tocou o objeto, que era coberto de pêlos. Assustado, ele retirou sua mão; empunhando novamente o cajado, ele cutucou a coisa, para verificar se ainda vivia. Era um cabrito morto.

Examinando o cadáver com maior atenção, Yeshua constatou que havia vários ferimentos no corpo, de tal modo que ele estava imerso em uma poça de sangue e insetos mosqueavam ao redor das chagas do animal. Diante daquela imagem, Yeshua só conseguiu pensar no bode expiatório, aquele que deveria carregar sobre si os pecados do povo de Yisra'el e ser conduzido para o deserto para morrer. O povo era implacável com o bode expiatório, cutucavam-no e furavam-no com varas, batiam nele com bambus e cuspiam sobre ele.

Yeshua deu um salto para trás. Depois, assombrado pelo pensamento, ele gritou com toda a força dos seus pulmões.

— Não, Pai! Eu não posso ser o bode expiatório! Não pode ser esta a missão para a qual Você me destinou!

Então, quase sem forças, Yeshua chorou como uma criança que se perde dos pais. O nazareno rasgou suas vestes e passou areia no seu rosto e nos seus cabelos, batia no seu peito com o punho fechado e pranteava.

Mais uma vez, ele olhou em direção ao cabrito morto, mas ele não estava mais lá. Insuflado por uma súbita coragem, o filho do carpinteiro se ergueu e continuou a descer em direção ao acampamento.

— Se é esta a Sua vontade, então assim seja — ele murmurava, todavia, uma revolta muda consumia suas entranhas.

Os discípulos haviam ouvido o grito que Yeshua havia dado da montanha, mas decidiram esperar. Era melhor não interromper as orações do mestre, eles concluíram, e, por isto, aguardaram inquietos a vinda de Yeshua.

Quando o vulto do nazareno surgiu na base da montanha, o que os discípulos viram não foi um homem devastado pela vontade de Deus; não foi Yeshua, com as vestes rasgadas e com o rosto e os cabelos sujos de pó; não foi o filho de olhos vermelhos de tanto chorar porque a ordem do pai era dura demais. O que Shimeon, Yohanan e Yaakov viram foi um semideus; um Apolo com vestes resplandecentes, mais alvas do que o branco mais puro do mundo, e ombreado por Moshe de um lado e por Eliyahu do outro.

Shimeon, oprimido pela visão, gaguejou.

— Mestre, você não sabe como é bom para nós estarmos aqui... Devemos preparar mais três tendas? Acho que você, bem como Eliyahu e Moshe, desejam descansar...

E tudo que ele falava era sem nexo, por causa do pavor que o havia dominado.

Percebendo que seus discípulos estavam em estado de êxtase, Yeshua foi até eles e falou com mansidão.

— Eu os proíbo de contar o que viram e ouviram aqui nesta noite. São mistérios que Deus reservou para vocês, e somente para vocês. Não ousem quebrar este sigilo.

Ao dizer isto, ele rompeu o transe que iludia os sentidos dos três discípulos e imediatamente eles viram o terrível estado do mestre. Antes que algum deles pudesse inquirir o que havia acontecido, Yeshua fez um sinal para que eles se calassem.

Mais tarde, naquela mesma noite, Yohanan, não se contendo de curiosidade, perguntou a Yeshua.

— Por que os escribas e os fariseus costumam dizer que antes de o Messias surgir, primeiro deve Eliyahu voltar?

Secamente, Yeshua respondeu.

— Eliyahu já retornou, pois isto era necessário para preparar o caminho do Senhor, mas vocês não o reconheceram.

Depois disto, o nazareno se recolheu para dormir, mas os discípulos ficaram especulando quem poderia ser Eliyahu, que havia voltado. Após calorosas elucubrações, concordaram que deveria ser Yohanan, o Batista, a quem Yeshua se referira.

4 DE AV, ANO 3789 DO CALENDÁRIO HEBREU
MIGDAL, HAGALIL

Após ter se reunido com todos os discípulos que haviam sido enviados em missão para transmitir os ensinamentos recebidos do mestre, Yeshua decidiu retornar aos territórios governados por Herodes Antipas. Eles desceram pela Via Maris até a cidade de Beth-tsaida, onde permaneceram alguns dias na casa da família de Shimeon e de Andreas. Ali, eles tomaram um barco que os levou até a Migdal, onde os avós de Miriam os aguardavam.

No *Shabat*, Yeshua foi à sinagoga para ouvir a leitura da *Torah*. Quando o *shaharit*[13] foi encerrado, os mestres iniciaram discussões sobre assuntos da Lei. Um rabino, vendo que Yeshua estava ouvindo em silêncio aos debates e, sabendo que ele era tido como um profeta, perguntou.

— Nazareno, os boatos dizem que você pode curar as pessoas simplesmente ao impor suas mãos sobre elas. Por que não nos mostra tal poder?

Yeshua, porém, fingiu que a pergunta não lhe havia sido dirigida e, assim, não respondeu. Mas o rabino insistiu.

— Nazareno, é com você com quem estou falando. Por que não faz um milagre para todos nós vermos? As pessoas dizem que você é um profeta e que realiza prodígios. Vamos, todos estamos ansiosos para ver um.

Os demais anciãos logo concordaram, pois duvidavam daquilo que haviam ouvido.

Yohanan, contente por se ver diante de uma oportunidade de convencer os fariseus da santidade do mestre, sussurrou no ouvido de Yeshua.

---

[13] Culto que ocorria nas sinagogas no período matutino.

— Chegou a hora, mestre. Realize alguma cura para que eles vejam. Logo todo mundo estará sabendo disto e você será recebido como um rei em Yerushaláyim. O que Zechariah dizia mesmo sobre o Messias, mestre?

O nazareno olhou com seriedade para Yohanan e, sem muita disposição, recitou a profecia.

— *"Eis um homem cujo nome é Rebento; onde ele está, germinará e reconstruirá o Templo do Senhor e carregará as insígnias reais. Sentará no trono e dominará. Haverá um sacerdote em seu trono. Entre os dois haverá uma perfeita paz"*.

— É de você que ele está falando, mestre — Yohanan falou com alegria — Revele-se a estes rabinos incrédulos!

— Não, Yohanan. Você não sabe o que fala. Eu não vim para comandar, mas para servir — depois, voltando-se para os doutores da Lei, Yeshua, suspirando, falou para que todos ouvissem — Ah, por que esta gente me tenta e busca um sinal vindo dos céus? Eu lhes digo: de mim, vocês nada obterão.

Um burburinho se ergueu do *minyan*[14], mas Yeshua continuou falando.

— Vocês, fariseus, são infelizes! Pois são como um cão que dorme na manjedoura dos bois, que não come e não deixa que os bois comam.

Os fariseus se levantaram e desamarraram as cintas que cingiam suas cinturas e expulsaram Yeshua e seus seguidores da sinagoga sob uma chuva de açoites e proibiram que ele retornasse para ouvir as leituras sabáticas.

Ele retornou para casa de Yosef, o avô de Miriam, e se despediu, dizendo.

— O povo desta cidade não está pronto para a palavra de Deus. Eu e minha esposa estamos voltando para nossa casa.

Naquela mesma noite, Yeshua retornou, de barco, a Kephar Nachûm.

---

[14] O *minyan* é o quorum mínimo de dez pessoas necessário para que haja culto nas sinagogas.

17 de Av, ano 3789 do calendário hebreu
Ginosar, Hagalil

— Mestre, conte-nos uma história — um dos seguidores de Yeshua se destacou da multidão que estava sentada à margem do mar de Hagalil e lhe fez este pedido.

O nazareno coçou a barba e cofiou os bigodes. Depois se levantou e passou a vista sobre aqueles homens, mulheres e crianças que comiam pães e alguns peixes.

— Meus irmãos! — Yeshua ergueu a voz para falar — Havia um homem que desejava receber convidados em sua casa e, depois de preparar o jantar, ele enviou um criado para chamar tais convidados. O servo se dirigiu ao primeiro e disse: "Meu mestre o convida". Mas este respondeu: "Tenho uma petição contra alguns mercadores. Eles virão se encontrar comigo esta noite. Tenho de ir e dar-lhes minhas ordens. Peço para ser dispensado do jantar". O servo saiu e se dirigiu a outra pessoa e disse: "Meu mestre o convida". Mas este também respondeu: "Meu amigo vai se casar e tenho de preparar o banquete. Não poderei ir. Peço para ser dispensado do jantar". O criado procurou outra pessoa e disse: "Meu mestre o convida". Ele respondeu: "Acabei de comprar uma fazenda e estou de saída para cobrar o aluguel. Não poderei ir. Peço para ser dispensado do jantar". O criado voltou e disse ao seu senhor: "Aqueles que o senhor convidou para jantar pediram para ser dispensados". O mestre disse ao criado: "Saia para a rua e traga todos aqueles que encontrar para que eles possam jantar".

Os ouvintes ficaram em silêncio, pois não compreendiam o significado daquela parábola. Mas Yeshua, vendo que as pessoas estavam cegas pela ignorância, não se abateu, porém, contou outra parábola.

— Um homem tinha dois filhos. O mais novo disse ao pai: "Pai, dê-me a parte da herança que me cabe". E o pai dividiu seus bens entre os dois filhos. Poucos dias depois, o filho mais novo juntou tudo o que tinha e viajou para uma terra distante. Lá, dissipou sua parte da herança numa vida devassa. Depois de ter gastado tudo, ocorreu no país uma grande fome e ele começou a passar necessidades. Então ele foi empregar-se com um dos cidadãos daquele país, que o mandou para os campos alimentar os porcos. Ele comeria de bom grado as vagens que os porcos comiam, mas ninguém lhe dava nada. E, caindo em si, disse: "Quantos empregados de meu pai têm pão com fartura, enquanto eu estou aqui, morrendo de fome? Vou-me embora, procurar meu pai e dizer-lhe: "Pai, pequei contra os céus e contra você. Não sou mais digno de ser chamado seu filho. Trata-me como um dos seus empregados". Então partiu e foi ter com o pai. Mas enquanto ainda estava a alguma distância, seu pai o avistou, teve pena, correu, abraçou-o e o beijou. E o filho lhe disse: "Pai, pequei contra os céus e contra você. Não sou mais digno de ser chamado seu filho". Mas o pai disse aos criados: "Tragam depressa a melhor túnica para que ele a vista, coloquem um anel em seu dedo e sandálias em seus pés. Tragam um novilho cevado e o matem. Comamos e festejemos, pois este meu filho estava morto e tornou a viver; estava perdido e foi encontrado". E começaram a festejar. O filho mais velho estava no campo. Quando, ao voltar, aproximou-se da casa, ouviu música e danças. Ele chamou um criado e perguntou o que estava acontecendo. O criado respondeu: "O seu irmão voltou e seu pai matou um novilho gordo, porque ele estava com saúde". Mas o filho ficou zangado e recusou-se a entrar. O pai saiu para rogar que entrasse, mas ele respondeu: "Durante todos esses anos, eu lhe servi e nunca desobedeci às suas ordens. No entanto, você nunca me deu um cabrito para festejar com meus amigos. Mas quando volta esse seu filho, que devorou os seus bens com prostitutas, você mata para ele o mais gordo dos novilhos"! Então o pai lhe disse: "Filho, você sempre está comigo, e tudo que é meu é seu. Era preciso que festejássemos e nos alegrássemos, pois esse seu irmão estava morto e tornou a viver; estava perdido e foi encontrado".

Um senhor, porém, se levantou e falou.

— O irmão mais velho está certo. Por que o pai aceitou este filho ingrato de volta em casa? Deveria tê-lo tratado como a um criado!

E foi aplaudido pelos demais por esta efusiva declaração.

Yeshua passou a mão por seu rosto, num gesto de cansaço e decepção.

— Será que vocês não conseguem entender o que eu lhes digo? — ele perguntou, exasperado — Tanto o filho que retorna ao lar quanto as pessoas que são trazidas da rua para jantar são vocês!

Todos se calaram.

— Vocês são aqueles que foram excluídos do convívio com Deus; vocês sãos os filhos pródigos. Deus lhes deu riquezas que foram dissipadas por vocês com preocupações mundanas, mas o Pai está contente porque vocês retornaram ao lar. Vocês são os pecadores; as prostitutas são as suas vidas; o filho mais velho são os fariseus e os saduceus que não desejam perder seus lugares como representantes de Deus; o pai misericordioso é Deus.

No entanto, alguns não gostaram de ser comparados com um filho devasso e ingrato e, gritando, deixaram o grupo do nazareno para retornarem aos seus lares.

— Em verdade, eu lhes digo, meus irmãos — Yeshua falou, por fim — Não se deve dar pérolas aos porcos, porque eles não sabem o que fazer com elas.

Naquele mesmo dia, Yeshua reuniu setenta e dois dos seus seguidores e lhes enviou para que ensinassem aos povos sobre o Reino. Estando todos reunidos à sua volta, ele lhes disse:

— O Reino é como um pai de família que saiu de manhã cedo para contratar trabalhadores para a sua vinha. Depois de combinar com os trabalhadores um denário por dia, ele os mandou para a vinha. Tornando a sair por volta da terceira hora, viu outros que estavam na praça, sem fazer nada, e disse-lhes: "Vão também para vinha e eu lhes pagarei o que for justo". Então eles foram. Tornando a sair por volta da sexta e da nona hora, encontrou outros que estavam lá e lhes disse: "Por que vocês ficam aí o dia inteiro sem fazer nada"? Eles responderam: "Porque ninguém nos contratou". Ele lhes disse: "Vão para a vinha também". À noitinha o dono da vinha disse ao capataz: "Chame os trabalhadores e pague-lhes o salário, começando pelos últimos até os primeiros". Quando vieram os que foram contratados à décima primeira hora, eles receberam um denário. E vindo os primeiros, pensaram que receberiam mais; mas cada um recebeu um denário. Ao receber o dinheiro, resmungaram contra o dono da casa, dizendo: "Estes últimos trabalharam apenas uma hora e você os iguala a nós, que suportamos o peso do dia e o calor do sol". Mas ele respondeu a um deles: "Amigo, não fui injusto com você. Acaso não combinamos um denário? Tome o que é seu e vá. Eu quero dar a este último o mesmo que a você".

— O que você quer dizer com isto, mestre? — Shimeon perguntou.

— Esta parábola quer dizer que a colheita é grande, mas os trabalhadores poucos. Assim como um dia eu enviei poucos para passarem de cidade em cidade, de vila em vila, ensinando, hoje eu lhes envio novamente. Só que desta vez, somos muitos. Vão de dois em dois, entrem nas casas daqueles que lhes oferecerem abrigo e lá permaneçam. Curem os enfermos e exorcizem aqueles que estiverem possuídos por espíritos imundos. Espalhem aos quatro ventos as maravilhas do Reino, para que aquilo que vocês presenciaram na minha companhia possa ser presenciado por outros.

— Para onde devemos ir? — questionou Yehudhah ish Qeryoth, um fariseu que havia abandonado o convívio dos seus e decidira seguir o nazareno.

— Para onde vocês forem recebidos — Yeshua respondeu — Se não quiserem lhes dar ouvidos, não se inquietem. Partam, simplesmente, e procurem o solo fértil onde a semente do amor possa florescer.

À noite, os setenta e dois se despediram do mestre e partiram em todas as direções. Foram para Ein Sheva e para Kephar Nachûm; para Chorazin e Beth-tsaida; para Caesarea Phillippi e para Tzipori; para Jerash, Sussita, Nasrat, Kana e Caesarea Maritima; falaram para galileus, cananeus e samaritanos; foram bem acolhidos em algumas cidades, porém, apedrejados em outras. Comiam figos e tâmaras em suntuosas habitações de ricos que haviam recebido o Reino, mas também passaram fome e sede por causa da crueldade de alguns.

23 DE CHESHVAN, ANO 3790 DO CALENDÁRIO HEBREU
KEPHAR NACHÛM, HAGALIL

Yeshua e Miriam retornaram em segredo para a casa de Zebadiah. No entanto, os vizinhos notaram que havia uma movimentação estranha na habitação do pescador e suspeitaram que o profeta nazareno houvesse retornado. Mas Yeshua se recusou a deixar o abrigo e saía somente à noite, quando todos dormiam.

Os moradores da cidade só tiveram certeza de que Yeshua estava no meio deles quando os discípulos retornaram de suas expedições missionárias.

Zechariah, vendo que Shimeon — aquele a quem todos consideravam como o principal dos discípulos — estava chegando pela estrada vindo de Tveryah, ele correu e se ajoelhou aos seus pés.

— Shimeon, ajuda-me. Você que é considerado o mais próximo do mestre, cure o meu filho.

— O que ele tem? — Yaakov, o filho de Zebadiah, que vinha logo atrás de Shimeon, antecipou-se.

— Ele está possuído por um espírito mudo. Ele não consegue falar e o espírito o leva para onde ele quiser. Ele tem convulsões, espuma, range os dentes e fica todo contraído.

— Deixe-me vê-lo — Shimeon tomou Zechariah pelo braço e foram até a casa dele.

Bastou que eles atravessassem o umbral da porta dianteira da moradia, que o rapaz começou a ter convulsões e foi arremessado ao chão. O pai se precipitou a socorrê-lo, mas nada adiantava ser feito, senão aguardar o fim da crise.

Shimeon se abaixou e impôs sua mão sobre a fronte do rapaz. Contudo, foi impossível expulsar o espírito impuro.

— Eu não consigo, Yaakov. Ajude-me — Shimeon murmurou contrariado.

Entretanto, tampouco a fé de Yaakov serviu de algum auxílio. O menino continuava tendo as convulsões e a espuma que escorria de sua boca estava sobre as roupas de Zechariah e dos discípulos.

Lentamente, o rapaz foi se acalmando, até que seu corpo relaxou completamente.

— O mestre já chegou na cidade? — Yaakov perguntou a Zechariah.

— Eu não posso responder com certeza... — o inconsolável pai falou — Mas o que dizem é que ele está escondido na casa do seu pai.

— Então iremos até lá e intercederemos junto a ele para que ele cure seu filho, porque nós não somos capazes de fazê-lo.

Na casa de Zebadiah, Shimeon, Yaakov e Zechariah encontraram Yeshua e Miriam repousando sobre uma esteira; eles conversavam e riam. No caminho entre a casa de Zechariah e a casa do pescador, uma multidão se ajuntou para ter com o mestre. Queriam saber se Yeshua seria capaz de curar o filho de Zechariah e muitos também desejavam ser aliviados de suas enfermidades.

Yeshua protegeu os olhos com o braço ao ser atingido pelo feixe de luz que entrou pela porta aberta.

— Shimeon? Yaakov? É bom vê-los novamente!

Yeshua se levantou e os abraçou.

— O que faz esta multidão atrás de vocês? Vocês não sabiam que eu desejava permanecer em sigilo?

— Sim, mestre. Mas Zechariah nos abordou no caminho até aqui. Queria que curássemos seu filho, porém, não conseguimos — Yaakov explanou a situação.

Ao invés de receber uma resposta afável do mestre, como de costume, os discípulos foram repreendidos.

— Até quando terei de suportar a companhia de pessoas como vocês? Estou cercado de incrédulos! Tragam logo este rapaz até mim!

Envergonhados, os discípulos correram em direção à casa de Zechariah.

— O que ele tem? — Yeshua perguntou ao pai.

— Ele está possuído por um espírito imundo. Este espírito o joga por terra, faz meu filho ter convulsões e espumar, ranger os dentes e ficar rígido.

— Desde quando isto ocorre com ele?

— Desde a infância. Várias vezes o espírito tentou matar meu filho: já tentou jogá-lo no fogo e na água. Se você, mestre, puder curá-lo, eu nem sei como poderei agradecê-lo. — Zechariah falou, súplice.

— "Se eu puder!"? — Yeshua perguntou irritado — Você não acredita que eu possa?

Percebendo que havia falado besteira, Zechariah tentou se emendar.

— Eu creio sim, mestre. Mas acho que minha fé não é o bastante.

— Tudo é possível para aquele que crê — Yeshua falou secamente.

A chegada dos discípulos e do filho de Zechariah interrompeu o diálogo. Ao ver o nazareno, o rapaz imediatamente começou a ter convulsões. Caiu no solo e foi segurado por vários homens, para que ele não ferisse alguém.

Yeshua se ajoelhou ao lado do possuído e tocou sua fronte, depois procurou por Zechariah e lhe perguntou mais uma vez.

— Você acredita que eu possa curar o seu filho?

Zechariah, oprimido pela magnificência que emanava daquele homem, respondeu com convicção maior.

— Sim, mestre, eu acredito.

Naquele mesmo instante, as convulsões cessaram e o rapaz aparentou estar morto.

— Sua alma foi levada pelo espírito maligno! — alguns gritaram.

— Está morto! — outros diziam entre si.

Não se importando com o que falavam, Yeshua tomou a mão do rapaz e o ajudou a se erguer. O menino olhou assustado ao seu redor e, reconhecendo seu pai, mergulhou em seus braços chorando.

Cheio de gratidão, Zechariah beijou o rosto do mestre e levou o filho embora.

A multidão, porém, estava descontrolada. Ela avançou sobre o nazareno e muitos doentes se lançavam sobre Yeshua.

Sufocado, ele ordenou a Shimeon e a Yaakov.

— Despeçam estas pessoas! — e voltou para o interior da casa, onde Miriam o aguardava.

Depois de ter mandado todos embora, os discípulos foram ter com Yeshua.

— Mestre, por que não conseguimos expulsar o espírito? — Yaakov perguntou.

— Às vezes, meus irmãos, não basta que vocês tenham fé. Vocês devem inculcar fé nos corações dos homens. Zechariah era um incrédulo e vocês não conseguiram conquistar o coração dele; por isto, o espírito não deixou filho dele.

22 DE TEVET, ANO 3790 DO CALENDÁRIO HEBREU
KEPHAR NACHÛM, HAGALIL

Nestes dias, mesmo todos sabendo de que Yeshua estava pela região, o nazareno não ousava se expor publicamente. Andava com o rosto sempre coberto e preferia as horas noturnas.

Na manhã de um Yom Rishon[15], Levi correu até a casa de Zebadiah e despertou todos que se hospedavam na casa com forte batidas na porta. Foi Zebadiah quem recebeu o discípulo.

— O que aconteceu, Levi? Todo ofegante assim, parece até que você veio correndo de Yerusháláyim até aqui — o velho soltou uma gargalhada.

— Onde está o mestre? — Levi parecia não compartilhar do bom ânimo do ancião.

Mas antes que Zebadiah respondesse, Yeshua apareceu e abraçou o amigo.

— Mestre, cubra-se e venha comigo, por favor — Levi falou.

Os dois saíram e percorreram a curta distância entre a casa de Zebadiah e a sinagoga.

— Está vendo aqueles dois homens? — Levi perguntou a Yeshua, apontando dois hebreus de aspecto comum.

Yeshua confirmou com a cabeça.

— Os nomes deles são El'azar e Toviyah. São espiões de Herodes — Levi disse — E andam fazendo perguntas sobre você pela vizinhança.

[15] Domingo, no calendário judaico.

— E o que as pessoas têm respondido? — Yeshua indagou, tentando disfarçar sua apreensão.

Levi sorriu e tocou o ombro do mestre.

— Nada. A população deve muito a você, mestre. Por isso, nada dizem. No entanto, é bom que você deixe a casa de Zebadiah por alguns dias, pois eles logo acabarão chegando lá. A rede de espionagem de Herodes é muito eficiente e, após os rumores de que você é o Batista que retornou dos mortos, ele fará de tudo para capturá-lo.

— Entendo — o nazareno respondeu — Mesmo antes destes boatos, Herodes já devia me considerar uma ameaça. Agora, mais do que nunca, devemos ser cautelosos.

— Não se preocupe, mestre. Ficarei de olho neles a cada instante. Quando eles deixarem Kephar Nachûm, eu o procuro.

— Eu e Miriam iremos, então, até Beth-tsaida. Andreas está por lá. Mas antes de partir, eu gostaria de reunir nossos amigos mais próximos. Tenho uma mensagem para eles.

Levi abraçou Yeshua e falou.

— Entrarei em contato com todos eles. Quando você pretender viajar?

— Amanhã de manhã.

Os dois se separaram, indo por caminhos opostos. Era melhor avisar Miriam e os filhos de Zebadiah. Yeshua não gostava da ideia de ter de ficar fugindo o tempo todo, porém, era melhor se esconder do que ser decapitado como Yohanan.

23 DE TEVET, ANO 3790 DO CALENDÁRIO HEBREU
KEPHAR NACHÛM, HAGALIL

Ao anoitecer, Levi apareceu na habitação de Zebadiah. Com ele estavam Shimeon e Yehudhah ish Qeryoth. Na casa aguardavam Yeshua, Miriam, Yehudhah, o irmão do mestre, e Yaakov e Yohanan, os filhos de Zebadiah.

Estando reunidos os oito, eles se sentaram para a ceia. Zebadiah também apareceu, mas ficou ligeiramente afastado, pois ele ainda não aceitava totalmente aquele bando de intrusos em seu lar. Shlomit surgiu do quintal, trazendo os alimentos: peixes, frutas e pães.

Eles se acomodaram e começaram a comer. Yeshua, vendo que todos mantinham um temeroso silêncio, disse-lhes, enquanto mastigava um bocado de pão molhado em peixe.

— O cerco está se fechando sobre nós. Já posso ver os homens do império nos flagelando, rasgando nossas vestes e nos suspendendo em cruzes. Sei que nenhum de vocês está disposto a morrer por uma causa, tampouco tenho vontade de me sacrificar. No entanto, já fomos longe demais para podermos voltar atrás. Cruzamos, há muito tempo, a linha que nos permitia retornar aos nossos lares e viver uma vida pacata e comum. Vocês, Shimeon e seu irmão Andreas, que não pôde estar aqui conosco nesta noite, Yohanan e Yaakov, deixaram de ser pescadores para viver um sonho. Agora, não é mais possível voltar a ser pescador, pois este tempo terminou. Em breve, não haverá mais lagos nem rios de onde se obterá peixes, porque o fim dos tempos está próximo. Você, Levi, deixou uma vida próspera e estável servindo aos interesses romanos; agora, meu amigo, você não pode mais retornar à sua mesa de coleta, onde você se sentava e cobrava os impostos dos viajantes que vinham de Damasco. Este tempo passou; agora, você deve coletar os impostos para o Reino, cuja única moeda é o ouro do amor. Eu e você, Yehudhah — irmão a quem eu tanto amo —, nós não podemos mais voltar a ser carpinteiros em Nasrat, pois em breve não haverá mais árvores a serem cortadas nem tábuas a serem aplainadas. O fim dos tempos está próximo. E vocês, as mulheres da minha vida, Miriam, minha esposa, e Shlomit, minha mãe de coração, tão frágeis na aparência, porém tão fortes interiormente! Vocês duas são as provas vivas de que o Reino está aberto para todos. O nosso povo está tão acostumado a subestimar as mulheres, mas nós sabemos o quão valorosas elas podem ser. Por isso, eu lhes digo: mesmo que todos nós morramos, vocês devem sobreviver. Eu não suportaria saber que uma de vocês pereceu injustamente. Estou preparado para morrer, mesmo sabendo que não fiz nada, mas não estou pronto para ver almas tão singelas quanto a de vocês serem fustigadas pelo ódio.

— Quando será o fim dos tempos? — Yehudhah, o irmão mais novo de Yeshua, a quem as pessoas estavam chamando de Toma, que significa "gêmeo" em aramaico, por causa da semelhança física entre os dois, perguntou.

— Isto ninguém sabe, meu irmão. Pode ser amanhã, ou ainda hoje mesmo. Somente o Pai sabe quando será o fim. Tudo o que posso lhe dizer é que ele está próximo.

— Mestre, você disse que seremos crucificados... — Shimeon hesitou.

— Não sei o que irá acontecer conosco, meu amigo — Yeshua tocou o braço do pescador — Nós devemos subir até Yerushaláyim, porque está próxima a época da *Pesach*. Se Herodes não nos capturar antes, talvez tenhamos uma chance de continuarmos vivos. Uma coisa é certa, não desistirei da minha missão. Deus me enviou para falar a verdade e para pregar a lição do amor. Se eu tiver de pagar com a minha vida para que esta mensagem viva, então assim será.

— Nós também morreremos com você! — o irmão do mestre disse com confiança. Em seguida, foi a vez de Shimeon jurar lealdade ao mestre; juramento que todos naquela sala repetiram.

Yeshua os ouvia com atenção, mas, quando todos terminaram, ele prosseguiu.

— Acho que não fui compreendido, meus irmãos. Eu não quero que o sangue de vocês seja derramado. Às vezes, uma morte somente basta. Se eu for pego e executado, fujam e continuem espalhando a mensagem que Deus nos deu. Vocês sabem o que fazer; vocês conhecem o poder da fé. Não há o que temer.

Miriam, que até então havia permanecido em silêncio, falou.

— Yeshua, já que iremos para Yerushaláyim, não seria melhor falarmos com meu tio para que ele interceda junto ao procurador romano? Se ele expusesse a sua doutrina ao governador, mostrasse como ela é inofensiva ao Império, quem sabe ele não poderia impedir que algo terrível aconteça? Afinal de contas, Pontius Pilatus e Herodes se odeiam. Creio que o procurador adoraria provocar o tetrarca ao ficar do nosso lado.

Entretanto, Yeshua não respondeu. Permaneceu pensativo, cofiando o bigode. Finalmente, falou.

— Não façamos planos demais. Vou lhes contar uma história. Havia um homem rico que tinha muito dinheiro. Ele disse: "Empregarei bem meu dinheiro para que eu possa semear, colher, plantar e encher meu celeiro de produtos, de modo que nada me faltará". Essa era a sua intenção, mas, na mesma noite, ele morreu.

Todos riram, mas imediatamente compreenderam o que Yeshua queria dizer.

— Não nos preocupemos com o futuro, meus irmãos, vamos comer e nos alegrar por estarmos juntos.

O nazareno pegou um pedaço de pão e o partiu, dando um bocado para cada um dos presentes. Depois, ele apanhou uma tigela de barro onde havia vinho, bebeu um gole, e passou-a adiante para que todos bebessem.

— Eis aqui o nosso elo. Lembrem-se dele.

3 DE ADAR, ANO 3790 DO CALENDÁRIO HEBREU
SICAR, SHOMRON

— Mestre, por que estamos atravessando o território dos samaritanos, ao invés de trilhar caminhos menos impuros? — Shimeon tocou o ombro do mestre, que caminhava ao lado de Miriam mais adiante.

— Você não se lembra, meu irmão, daquilo que eu lhes disse sobre a impureza?

Shimeon baixou os olhos.

— Não há nada que vem de fora que pode tornar uma pessoa impura, mas sim aquilo que vem do interior. É a maldade que torna as coisas impuras — e, ao dizer isto, Yeshua apertou o passo e se antecipou ainda mais.

Yohanan e o seu irmão Yaakov, vendo que Yeshua caminhava sozinho, pois Miriam seguia agora ao lado de Shlomit, aproximaram-se e falaram ao nazareno.

— Mestre, queremos fazer-lhe um pedido.

Yeshua, sem olhá-los, fez um sinal para que eles prosseguissem.

— Quando o Reino chegar... — Yohanan disse com um certo acanhamento permita que eu e meu irmão nos sentemos um ao lado direito e outro ao lado esquerdo do seu trono.

O mestre estacou.

— Por acaso vocês pararam para refletir sobre o que me pediram?

No entanto, eles permaneceram em silêncio.

— Vejo que estou cercado por víboras que não compreendem minhas palavras! Vocês não entendem que o Reino não é um império de opressão. Nele, não há trono, nem fortalezas, nem líderes, nem servos. Eu jamais poderia permitir-lhes sentarem-se ao lado do meu trono, simplesmente porque não há trono algum. Tampouco estarei acima dos outros, pois no Reino todos são iguais diante de Deus.

Yohanan e Yaakov coraram, porque Yeshua falou tão alto que os demais discípulos, que vinham atrás, puderam ouvir a discussão.

— Desde que nos conhecemos, eu tenho falado claramente que o Reino está próximo. Agora, porém, eu lhes revelo: o Reino já está aqui e vocês não souberam identificá-lo. Enquanto vocês esperarem o fim dos tempos para que a minha promessa se cumpra, vocês morrerão sem ter visto o Reino. Por que vocês acham que estamos indo para Yerushaláyim?

— Eu não sei, mestre — Yaakov murmurou.

— Porque é preciso que o Templo de Yerushaláyim seja destruído para que o Reino vigore em toda sua glória. Deus não quer mais sacrifícios de animais, Deus quer o arrependimento e o amor. O Templo é um símbolo monumental de que Deus não está no meio do povo de Yisra'el. Os hebreus precisam adorar um Templo de pedra porque não conseguem encontrar Deus nos seus corações.

— Nós iremos destruir o Templo? — Shimeon perguntou, encabulado.

— Para nós, meus irmãos, ele já foi destruído. É preciso que os outros também vejam que ele não é mais necessário. Mas lembrem-se sempre, o Reino já está aqui — e Yeshua apontou primeiro para o próprio coração, depois para o coração de cada um daqueles que o acompanhavam.

7 DE ADAR, ANO 3790 DO CALENDÁRIO HEBREU
YERIHO, YEHUDA

Como sempre, os boatos da chegada de Yeshua chegavam antes que ele nas cidades. Por isto, o povo de Yeriho estava descontrolado. Os pais haviam levado seus filhos para a entrada da cidade para serem curados; os coxos, os surdos, os mudos, os leprosos, todos aguardavam a chegada do profeta.

Logo que puderam avistar as primeiras casas, Yeshua e seus discípulos também notaram a multidão que se agitava na estrada. Então, o nazareno se dirigiu ao seu irmão Yehudhah.

— Vá até lá e descubra o porquê de tanta empolgação.

E assim ele fez.

Yeshua e os demais se sentaram sobre uma tamareira, enquanto aguardavam o retorno de Yehudhah.

— Eles o aguardam! — foi possível ouvir a voz de Yehudhah, que vinha correndo de volta.

Yeshua considerou e decidiu enfrentar a turba; empunhou seu cajado e, tendo Miriam ao seu lado, caminharam com passo decidido em direção à cidade.

Quando as pessoas avistaram o cortejo se aproximando, elas começaram a gritar.

— É o profeta de Nasrat! É o *Mashiach*!

Rapidamente, Yeshua, Miriam e os discípulos foram engolidos pela população frenética, que queria tocá-lo e beijá-lo. Alguns eram curados apenas por ter olhado na direção do mestre, outros ao tocá-lo. Em alguns deles, Yeshua impunha suas mãos e perdoava seus pecados, em outros, ele ordenava que os espíritos imundos os deixassem.

No meio da confusão, uma voz rouca e desesperada implorava.

— Yeshua, mestre de Nasrat, tenha compaixão de mim!

O nazareno apurou o ouvido para tentar identificar quem havia feito o pedido.

— Yeshua, mestre de Nasrat, tenha compaixão de mim! — a voz repetiu.

Yeshua afastou de si a multidão alguns palmos e viu um cego que tentava se levantar, mas algumas crianças travessas o puxavam pelas vestes para que ele se desequilibrasse. O mestre fez um sinal para Yaakov e para Shimeon, os dois discípulos mais fortes, e indicou a eles que trouxessem o cego até si.

Os dois espantaram as crianças e ajudaram o cego a se erguer. Shimeon o encorajava.

— Ânimo, homem! Levante-se porque o mestre o está chamando.

Empolgado, ele se deixou conduzir pelos discípulos, indo de encontro ao nazareno.

Yeshua tocou o rosto do cego e perguntou.

— O que você quer de mim? O que quer que eu faça?

O cego, com lágrimas nos olhos, falou.

— Quero voltar a ver, meu mestre.

Yeshua sorriu e tocou a testa do homem.

— Então pode ir, porque sua fé o salvou.

Imediatamente, a cegueira deixou a vista daquele homem e ele pôde ver Yeshua. Todavia, não houve tempo para agradecimentos, pois, estimulada pela cura milagrosa, a multidão se alvoroçou ainda mais e afastou o homem que havia sido curado.

11 DE ADAR, ANO 3790 DO CALENDÁRIO HEBREU
BETH ANYA, YEHUDA

Muita gente seguiu Yeshua de Yeriho até Beth anya. Além disto, nesta cidade, outros seguidores de Yeshua também aguardavam, pois lá havia sido o ponto de encontro combinado entre o mestre e os discípulos, antes de ele se refugiar em Beth-tsaida. Eles haviam acampado nos arredores da cidade e viviam da caridade das pessoas.

Ao chegar, o nazareno foi direto até a casa de Shimeon, conhecido como "o leproso", por razões óbvias. De fato, Shimeon, um rico comerciante de linho e lã, além de um importante produtor de azeite e vinho, era o irmão de Miriam, a esposa de Yeshua. Acometido por uma horrenda doença de pele, que todos pensavam ser lepra, ele foi até Migdal procurar por Yeshua. Ele acreditava que, se fosse verdade que o seu cunhado era um profeta, ele poderia curá-lo. Shimeon encontrou Yeshua e sua irmã Miriam na casa dos seus avós e, além da cura física, ele encontrou um bálsamo espiritual, e uma forte amizade se formou entre os dois. Shimeon, ao se despedir para retornar para casa, garantiu que, se Yeshua um dia passasse por aquela região, ele sempre encontraria abertas as portas do seu lar. Finalmente, havia chegado o momento de Shimeon cumprir sua promessa. No entanto, Yeshua não vinha sozinho.

Shimeon, ao ser avisado da chegada do cunhado e da irmã, calçou suas sandálias, vestiu a capa e saiu para saudá-los. Eles se abraçaram e Shimeon beijou as faces do mestre e de Miriam. Yeshua estendeu o braço e apresentou seus discípulos a Shimeon. Depois, perguntou.

— Há lugar na sua casa para mim e para minha família?

Sem se perturbar por causa do grande número de pessoas, Shimeon respondeu.

— Com certeza. Eu jamais digo algo que não possa cumprir. Se não couberem todos em minha casa, erguerei tendas na frente dela e no meu quintal, para que todos fiquem bem instalados.

— E os outros? — Andreas perguntou a Yeshua. Ele queria saber se haveria lugar para acomodar os outros seguidores que haviam chegado antes.

Yeshua passou a mão pelos cabelos de Andreas.

— Estou certo de que eles já estão bem acomodados. Mais tarde iremos até eles. Mas agora quero repousar um pouco. Eu e Miriam estamos fatigados por esta longa caminhada.

Shimeon, Yeshua e Miriam entraram, enquanto os discípulos mais próximos de Yeshua ficaram lá fora, ajudando os servos de Shimeon a erguerem as tendas.

O anfitrião se desdobrou para agradar seus hóspedes. Mandou que a cozinheira preparasse uns antepastos e arrumou um leito confortável para que eles descansassem. Também chamou Marta, a irmã dele e de Miriam, para que ela também se ocupasse em receber os convidados.

Durante a ceia, Miriam perguntou ao irmão.

— Onde está o nosso tio?

— Ele está em Yerushaláyim. Ele é um dos membros do Sanhedrin — Shimeon respondeu.

— Ele se tornou tão importante assim? Faz muito tempo que não tenho notícias dele — Miriam comentou.

— Sim. Ele se destacou por sua grande inteligência e determinação. É um dos fariseus mais respeitados de Yerushaláyim.

— Então ele talvez possa nos ajudar, Yeshua — Miriam estava entusiasmada.

— Aconteceu algo? — Shimeon perguntou.

— Acho que temos um grande problema... — Miriam respondeu.

13 DE ADAR, ANO 3790 DO CALENDÁRIO HEBREU
BETH ANYA, YEHUDA

A casa do meu cunhado é a minha casa. Nela, sinto-me bem acolhido. Poucos anfitriões são tão dedicados quanto ele; poucas cidades me receberam com tamanho carinho e atenção como Beth anya. Meu Pai abençoou este povo e esta vila. Posso sentir a paz celestial que pousa sobre ela quando o sol nasce, quando as crianças brincam na praça, ou quando as pessoas se reúnem para conversar e rir.

Yeshua estava reclinado sobre uma esteira; à sua volta, os discípulos escutavam os ensinamentos do mestre.

— Havia um homem rico que se vestia de púrpura e linho fino, e todo dia se banqueteava com requinte. À sua porta vivia um pobre, coberto de chagas, chamado El'azar. Ele desejava comer o que caía da mesa do rico. Até os cães vinham lamber as suas feridas. O pobre morreu e foi carregado pelos anjos até o seio de Abraham. O rico também morreu e foi enterrado. No She'ol, no meio de seus tormentos, levantou os olhos e viu de longe Abraham, com El'azar em seu seio. Então exclamou: "Pai Abraham, tenha piedade de mim e mande que El'azar molhe a ponta do dedo e me refresque a língua, pois estou sendo torturado pelas chamas". Mas Abraham disse: "Filho, lembre-se que durante a vida você recebeu coisas boas, e El'azar apenas coisas ruins; mas agora ele encontra consolo aqui e você é atormentado. Além disso, existe um grande abismo entre nós, de modo que aqueles que querem passar daqui para junto de vocês não o podem, nem tampouco os que estão aí podem vir até nós".

Oprimidos pela triste história, os discípulos nada falaram, meditando em seu interior o significado da parábola.

— Mas, mestre... — Yohanan comentou — o destino do homem rico é por demais terrível.

— Sim, Yohanan, mas cada um colhe o que semeou. Deus criou leis, que não são as leis da *Torah*, e por intermédio delas Ele rege o mundo. Não há nenhum ato que não gere um movimento. O homem rico, ao deixar El'azar sofrer, selou seu próprio destino. Ele não estava sofrendo porque Deus é mal e deseja castigar seus filhos, mas porque o próprio rico foi uma pessoa má, sofrendo assim o sabor das maldades que ele cometeu.

— Então devemos ser bons para não sofrermos após nossa morte? — Shimeon gaguejou.

— Não, Shimeon, devemos ser bons para aliviar o fardo do próximo. Pensar em si próprio, para orgulho pessoal ou para ser exaltado na comunidade, ao fazer uma bondade é o mesmo que não fazer nada. Pois Deus não julga apenas o resultado dos atos, mas também a intenção deles.

14 DE ADAR, ANO 3790 DO CALENDÁRIO HEBREU
BETH ANYA, YEHUDA

Havia uma aura de medo naquela manhã. No dia anterior, um soldado romano havia sido emboscado por assassinos num desfiladeiro. Certamente, tais bandidos deveriam estar escondidos pelas cavernas da vizinhança e era bastante provável que as tropas romanas chegariam, com toda a sua agressividade, em Beth anya, entrariam nas casas dos hebreus, revistariam seus cômodos, quebrariam mobílias e molestariam as mulheres. Seguindo o sábio conselho do cunhado, Yeshua mandou que seus seguidores acampassem em alguma região afastada da vila. Um líder religioso era tudo aquilo que os romanos gostariam de encontrar e condenar à morte numa hora destas, Shimeon, o leproso, acrescentou.

Por volta da hora do almoço, um destacamento de legionários despontou na estrada rumo a Beth anya. As mães recolheram seus filhos e os homens deixaram a praça. A animada vila sucumbiu a um fantasmagórico abandono. Yeshua, Miriam, Shimeon e Marta permaneceram na sala, angustiados com o possível desfecho da inspeção romana.

— Não há nada com que nos preocupar — Miriam andava de um lado ao outro, inquieta.

Shimeon se levantou, subiu numa banqueta, e espiou pela janela.

— Deve haver uns cinquenta homens ou mais.

Mas, quando todos aguardavam pelas ordens do comandante para que os moradores deixassem suas casas e as abrissem para a vistoria, outro som pôde ser ouvido. Gritos, urros e ordens de combate foram dados e, surgindo como do nada, os revoltosos saltaram dos telhados, apareceram por detrás das casas e das árvores, erguerem-se dos rochedos e avançaram sobre os legionários. Armados com foices, enxadas, rastelos e punhais, eles se engalfinharam desordenadamente com a bem-equipada tropa.

Todos na casa de Shimeon se empoleiraram na janela para observar o combate; apesar da superioridade numérica dos bandidos, os soldados romanos tinham evidente vantagem. Um após o outro, os zelotes foram tombando, esmagados pela organização da legião. Novas ordens foram dadas e, velozmente, os assaltantes debandaram, sumindo tão rápido quanto haviam surgido. Os romanos também recuaram, temendo um segundo ataque.

Ouviu-se então um ruído se ouviu na porta da casa de Shimeon. Em seguida, após ter forçado a fechadura, um bandido maltrapilho mergulhou para dentro da habitação empunhando um punhal enferrujado. Ele arfava de medo e excitação. O assassino cruzou a sala num ímpeto, procurando uma porta que desse para os fundos, de onde ele poderia fugir para as montanhas para se esconder.

Mas Yeshua se adiantou e o segurou pelo braço.

— Irmão?

O invasor se voltou e suas feições se modificaram.

— Yeshua?

O profeta de Nasrat se afastou e fechou a porta, como se esta frágil barreira pudesse isolar aquele acontecimento do resto do mundo.

— O que você está fazendo aqui?

Yeshua se aproximou novamente do bandido, mais uma vez segurando-o como se ele fosse escapar.

— Estou lutando pelo nosso povo! Coisa que você também deveria estar fazendo. Agora, deixe-me ir!

O invasor tentou se soltar, mas Yeshua foi mais vigoroso. Ele o lançou contra a parede e o estapeou com vontade.

— Que vergonha! Que vergonha que eu tenho de você, Shimeon! Como pude deixar que você chegasse a este ponto?

Repugnado, tanto pela sua própria agressividade quanto pela visão do invasor, Yeshua deu um salto para trás e, recolhendo-se num canto da sala, ele chorou. Shimeon, o bandido, também chorava, humilhado.

Os espectadores da cena estavam pasmos, pois não compreendiam o que estava acontecendo. Miriam correu para consolar o esposo; Shimeon, o dono da casa, foi até o quarto e apanhou um pedaço de pau para se proteger do bandido, caso ele representasse alguma ameaça; Marta estava estática, lágrimas escorriam pelas faces, as mãos trêmulas.

— De onde você conhece este homem? — Miriam perguntou baixinho a Yeshua.

— Você não o reconhece, Miriam? É Shimeon, o meu irmão!

Insuflado por um novo ânimo, Yeshua repeliu Miriam e foi em direção do irmão. Suspendendo-o pelas vestes, Yeshua gritou.

— Eu ordeno que você jogue fora esta arma e retorne para o seio de nossa mãe, seu desgraçado!

Quando Shimeon ameaçou abraçar Yeshua, este se afastou.

— Não me toque! Não toque em mim com estas mãos embebidas em sangue!

— Não matei mais ninguém além de romanos! — Shimeon se defendeu.

— Os romanos também são gente! Eles também vivem! Eles também são filhos de Deus! Vá embora para a casa de nossa mãe, e quem sabe um dia Deus o perdoe.

— Eu não quero o perdão de Deus! Eu quero a liberdade do nosso povo!

— Não há liberdade sobre um solo regado de sangue. Você não percebe que os seus atos geram somente mais dor e morte? Como você pode ser tão cego e ignorante?

— Está com fome? — Miriam interveio, interrompendo a discussão.

Shimeon confirmou com um balançar de cabeça.

— Felizmente, ainda temos um pouco de comida, não é? — Miriam apontou para a tigela, para que Marta a trouxesse. Trêmula, a irmã obedeceu. Como um selvagem, Shimeon avançou sobre o prato de comida, lambuzando-se todo.

De longe, Yeshua apontou para o irmão.

— Vejam só, até os hábitos de um animal você já adquiriu! Eu gostaria que você pudesse se ver, somente assim perceberia a criatura hedionda que se transformou.

Timidamente, Shimeon retrucou.

— Quem é você para me condenar? Não é você o profeta que vaga pelo mundo pregando o perdão e o amor?

Yeshua se calou, indo sentar-se, em seguida, na parede oposta à do irmão.

15 DE ADAR, ANO 3790 DO CALENDÁRIO HEBREU
BETH ANYA, YEHUDA

Bar-Abbas estava insuflado pelo discurso que realizara a poucos instantes atrás, numa das várias cavernas da região. Era o segundo ataque que ele e o seu bando realizariam num intervalo de poucas horas. O primeiro havia sido mal sucedido, mas o segundo seria impiedoso.

O som da sua própria voz ecoava na sua mente. "Meus irmãos, o fim do império que nos oprime está próximo. Enquanto muitos aguardam o advento de um Messias para nos libertar, nós tomamos as rédeas de nossa fortuna e marchamos rumo a um reino comandado por hebreus. Não sabemos quanto tempo ainda teremos de lutar; meses, talvez anos. No entanto, este pensamento não nos deve assombrar, pois muitos morreram sem ver este dia chegar. O primordial é que saibamos que o passo que hoje damos é fundamental para a instauração do Reino que ansiamos para nossos filhos. Diante de mim, vejo homens que vieram de longe; deixaram seus lares e suas famílias sem saber se retornarão a elas. "Por quê?", eu lhes pergunto. A razão é simples. Não é mais possível suportar este estado de coisas. Nossos antepassados assistiram a invasores de várias proveniências virem e se apossarem de nossas terras. Não somos um povo de guerra, mas, desde os tempos do nosso pai Abraham, fomos obrigados a nos defender. Somos devotos de Deus e tudo que queremos é viver em paz na terra que nos foi prometida pelo Senhor. Não estamos satisfeitos com a administração dos romanos. Homens são crucificados diariamente às margens das nossas estradas. Olhem para mim! Eu também sou pai e tenho esposa, vocês acham que eu fico feliz em saber que meus filhos, quando saem para brincar, estão sujeitos a encontrarem alguma destas vítimas dos romanos e pensar que um dia, no futuro, eles também poderão estar suspensos naquelas cruzes? Certamente que não! Na verdade, meus irmãos, prefiro estar eu pregado naquele madeiro, sabendo que fiz tudo o que pude para pôr um fim a estas injustiças, a viver me lamentando crendo que Deus nos abandonou. Eu lhes digo, fortes hebreus, que o Senhor não nos abandonou! Ele nos deu mãos para empunharmos nossas armas improvisadas, deu-nos pés para corrermos em direção aos nossos inimigos e, principalmente, deu-nos um coração para sentir a satisfação de ter vivido uma vida digna e temente ao Senhor".

Agora, pela força destas palavras, Bar-Abbas e seus homens estavam entrincheirados nas encostas de um monte, aguardando o momento propício para emboscar os reforços romanos que não tardariam em chegar. A derrota anterior fora causada por uma falha estratégica. Os soldados inimigos recebiam treinamento e equipamento de qualidade muito superior à dos revoltosos hebreus. Este erro, porém, não se repetiria mais. Apesar das dezenas de mortos e feridos, ainda no fim da tarde, os revoltosos também haviam recebido reforços vindos de Hagalil, ao todo uns cento e cinquenta homens. O que, somado com os que já estavam em Beth anya, contava por volta de duzentos e cinquenta combatentes. Segundo os cálculos de Bar-Abbas, número suficiente para afugentar e causar pesadas baixas a um contingente de até duzentos oponentes, isto considerando a vantagem do terreno e do elemento surpresa.

A espera era tensa. Os zelotes estavam ansiosos e tinham de mudar de posição várias vezes por causa de cãibras. Bar-Abbas estava começando a acreditar que os romanos não viriam e, se nada acontecesse até depois do pôr-do-sol, ele ordenaria que seus homens se retirassem e se recolhessem aos acampamentos nas cavernas.

Todavia, não era descanso que estava destinado àqueles zelotes naquela tarde, pois, logo que o sol se pôs, uma densa formação militar surgiu na estrada, rumo a Beth anya.

Bar-Abbas deitou sua vista sobre seus companheiros e seus olhos se encontraram com os deles. Eles tinham medo e isto não era algo condenável. Nada mais humano do que temer a morte. No entanto, todo homem um dia tem de prestar as contas a Deus, cabe apenas saber se ele aguardará até o dia de a morte chegar, ou se ele escolherá a maneira mais brava e honrada de deixar este mundo. Nem Bar-Abbas nem seus homens tinham dúvida de que aquele dia seria um bom dia para morrer.

Quando metade da tropa já havia cruzado o ponto da emboscada, Bar-Abbas se levantou e emitiu o comando. Pedras foram arremessadas contra soldados desprevenidos e alguns tombaram de início. Mas, imediatamente, as tropas se organizaram e se protegeram com seus escudos oblongos.

— Para baixo! — Bar-Abbas ergueu seu sabre e foi acompanhado pelos zelotes, que desciam pelas encostas de ambos os lados da estrada. A intenção era a de dividir em dois o grosso dos soldados romanos, para facilitar a subjugação dos oponentes. Entretanto, a teoria é sempre mais simples que a prática e Bar-Abbas constatou isto da maneira mais difícil pela segunda vez no mesmo dia. Com habilidade, os legionários repeliram esta primeira investida e permaneceram coesos. Inesperadamente, uma segunda tropa romana despontou no caminho e se uniu à primeira, impedindo que os zelotes escapassem.

Apesar das ordens desesperadas de Bar-Abbas para que os revoltosos recuassem, não havia alternativa a não ser se engajar no combate franco ou se render ao gládio imperial. O próprio Bar-Abbas se encontrou flanqueado pelas duas tropas, vendo-se impedido de deixar o campo de batalha.

O combate durou até a primeira hora noturna, quando Bar-Abbas e os poucos sobreviventes dos zelotes, não mais do que vinte homens, baixaram suas armas e se entregaram.

16 DE ADAR, ANO 3790 DO CALENDÁRIO HEBREU
BETH ANYA, YEHUDA

— Você não pensa que poderia estar morto agora? — Yeshua aquecia as mãos na fogueira acendida por Shimeon.

— Mas teria valido a pena. Hoje eu estaria sentado ao lado do Senhor, aguardando o dia do Juízo — o rosto do irmão de Yeshua era iluminado pelo crepitar das chamas, nos seus olhos reluzia o brilho da esperança.

— O que Bar-Abbas lhe disse para iludi-lo tanto? — Yeshua perguntou com tristeza.

— Bar-Abbas nos mostrou o caminho para a libertação, meu irmão! Ele e os outros líderes da revolução nos deram uma nova consciência quanto à nossa condição. Não podemos mais continuar sendo escravos dos romanos; não podemos mais nos sujeitar a estas taxações que eles nos impõem.

Yeshua cofiou o bigode, depois, reclinando-se lateralmente, apoiou a cabeça com a mão.

— Esta liberdade que a revolução proporcionaria a vocês é um engodo. Mesmo se vocês matarem todos os romanos, os persas, os gregos, todos os gentios do mundo, vocês ainda continuariam servos.

Shimeon franziu o cenho.

— Não compreendi.

— A verdadeira libertação começa com uma reestruturação completa de um edifício. Não basta trocar o telhado somente, porque se os alicerces estiverem corrompidos, todo o prédio desabará. Um governo romano ou hebreu continua sendo um regime de opressão dos mais fracos pelos mais fortes. Quem tem fome hoje, continuará a ter fome amanhã, independente de quem estiver sentado no trono.

— Isto não é verdade! Você está tentando me confundir com seus truques retóricos — Shimeon se encolheu por causa do frio.

— Por que eu faria isto? Tudo o que eu sei é que o povo hebreu não serve somente aos governadores romanos, mas serve também ao Templo de Yerushaláyim, e ao Deus cruento que nele habita.

— Do que você está falando, Yeshua?

— A nossa servidão é espiritual, meu irmão. Somos escravos do Deus de Abraham, de Yitskhak e de Yisra'el.

— Não blasfeme, homem! Acaso você não teme a Deus? — as feições de Shimeon deixavam transparecer medo e asco.

— O meu Deus não é o Senhor dos Exércitos, Shimeon; o meu Deus é o Pastor dos povos.

— Onde você leu isto na *Torah*?

— A *Torah*, meu irmão, foi escrita por homens; homens como Bar-Abbas, como Tiberius Caesar, como Herodes Antipas, como eu e você. Por que eu deveria me fiar nela mais do que nos meus próprios pensamentos?

— Mas os profetas? Eles não foram pessoas enviadas por Deus?

— Claro que foram, Shimeon! Mas você não se lembra do que Deus disse pela boca do profeta Yirmeyáhu? *"Desde o dia em que vossos pais saíram do Egito até hoje, enviei-lhes todos os meus servos, os profetas, incansavelmente. Eles, porém, não me escutaram, nem prestaram ouvidos, mas endureceram a cerviz e agiram pior do que seus pais"*. O Senhor nosso Pai não exige de nós sacrifícios, Ele quer somente que O amemos e amemos ao nosso próximo.

— E quem é o nosso próximo? — Shimeon estava entusiasmado com a fala do irmão.

— Quando você estava lutando, anteontem, em Beth anya, quem estava mais próximo de você?

— Os legionários romanos... — Shimeon hesitou.

— É a eles que você deve amar! E ontem, na casa do meu cunhado, quem estava próximo de você?

— Shimeon, Marta, sua esposa e você.

— Então, estes são seus próximos. Você deve amar a todos que precisam de afeto, deve alimentar a todos que tenham fome, deve curar aqueles que estão feridos e dar de beber a quem tem sede. Esta é a verdadeira libertação. Qualquer pessoa que lhe prometer uma liberdade que não seja esta, estará mentindo.

Shimeon coçou a cabeça, em seguida, se levantou e foi sentar-se ao lado do irmão.

— Yeshua, não entendo por que amar o próximo é estar livre...

Yeshua abriu um sorriso majestoso.

— Porque, Shimeon, quando você ama alguém, você não se importa em dar a própria roupa que veste para que o outro não sinta frio; não se importa de passar sede para que o outro beba; passar fome para que o outro coma; morrer para que o outro possa viver. Por que isto é libertador? Porque não há nada mais que o prenda neste mundo; não existem correntes que possam prendê-lo, nem fogo que possa queimar, nem ferimento que possa doer. Quando você está disposto a morrer por alguém, é porque você percebeu que a morte não é o fim. Esta a verdadeira liberdade, meu querido irmão. Terras, dinheiro, ovelhas, mulheres, nada disto justifica que alguém odeie outra pessoa.

Apesar de estar insuflado pelas ideias do irmão, Shimeon se preparou para retrucá-lo, mas Yeshua não permitiu.

— Ouça o que eu digo, haverá um dia em que até mesmo os romanos ouvirão as minhas palavras e perceberão a verdade que há nelas. E, por isto, eu preciso de guerreiros como você, não dispostos a matar pela verdade, mas a morrer por ela.

— O que você diz, Yeshua, é sedutor, mas quantos dos seus discípulos iriam até as últimas consequências por você?

Yeshua segurou as mãos do irmão entre as suas.

— Eu sei que você iria.

Por fim, ele beijou a fronte de Shimeon. Depois, olhando para a entrada da gruta, falou.

— Já anoiteceu. Os soldados romanos já devem ter deixado Beth anya; creio que podemos retornar.

20 DE ADAR, ANO 3790 DO CALENDÁRIO HEBREU
BETH ANYA, YEHUDA

Os discípulos de Yeshua não compreenderam a calma com a qual o mestre recebeu a notícia da morte de Shimeon, seu cunhado. Há dois dias, um mensageiro havia encontrado o nazareno na região da Pereia e notificado o ocorrido, mas o profeta não se comoveu. Comunicou aos discípulos que ainda permaneceriam naquelas paragens, pois a missão ali não tinha sido completamente realizada: muitos enfermos, possessos e pecadores deveriam encontrar consolo antes de eles partirem.

— Deixe que os mortos enterrem seus mortos. — foi o que o mestre falou. Atitude inexplicável para aquele homem que falava de amor e de ajudar o próximo. Quanta insensibilidade! Afinal de contas, era o irmão da sua esposa que havia falecido. Como estaria Miriam nestas horas? Os discípulos se indagavam. Mesmo assim, eles não ousaram desafiar nem questionar o mestre. Se Yeshua não havia dado importância ao fato, não seriam eles que se perturbariam por aquilo.

No entanto, naquela manhã, o nazareno acordou e se levantou num ímpeto. Chamou, um a um, por seus companheiros e pôs-se numa forte caminhada de volta à Yehuda. Não lhes dirigiu a palavra em nenhum momento, tampouco se deixou abater pelo sol forte da sexta hora.

Estavam próximos de Beth anya quando Yehudhah, o irmão de Yeshua, dele se aproximou e indagou.

— Por que a pressa, meu irmão, se o seu cunhado já está morto há quase quatro dias? Você não deveria estar arrebatado por este ânimo no dia em que recebeu o comunicado do falecimento?

— Quem lhe disse que meu cunhado está descansando com seus pais? Ele não está morto. Dorme somente.

Yehudhah se espantou com a resposta do irmão.

— Acaso você não ouviu o que nos disse o mensageiro enviado por sua esposa? Shimeon jaz no She'ol.

Yeshua sorriu e, pondo o braço sobre os ombros de Yehudhah, sussurrou.

— Pois eu lhe garanto que Shimeon dorme apenas.

Não faltava muito para anoitecer quando o nazareno e seu séquito avistaram a moradia de Shimeon e Marta. Quando esta foi avisada que Yeshua se aproximava, deixou de lado seus afazeres e correu ao encontro do profeta. Em torno da casa, uma multidão havia se aglomerado para aguardar o retorno de Yeshua e ver qual seria a reação dele à morte do cunhado. O nazareno se admirou ao ver aquela turba.

— O que estas pessoas fazem aqui, Marta?

— Elas souberam da morte de Shimeon e vieram pranteá-lo.

Yeshua olhou à sua volta mais uma vez.

— Não é verdade o que você diz, Marta. São corvos e gafanhotos que vieram se alimentar de carniça. Eles não se importam com Shimeon, nem com você, nem comigo. Eles só querem uma boa história para contar aos seus amigos após uma refeição. Eles querem um milagre, para depois correrem ao Templo de Yerushaláyim e contarem aos sacerdotes que um blasfemador está atormentando a vizinhança.

Marta mantinha-se, porém, em silêncio.

— Mas... Se eles anseiam por um espetáculo, eles o terão, não é Marta? — e Yeshua tocou afavelmente o braço da cunhada — Onde está Miriam?

— Dentro de casa, esperando-o.

Com passos firmes, o mestre adentrou a casa e foi ao encontro da esposa. Os discípulos permaneceram do lado de fora, conversando com as pessoas que haviam vindo saber novas do finado Shimeon. Logo souberam que elas aguardavam um grande feito. Se Yeshua havia ressuscitado uma menina na Hagalil, por que ele não salvaria um parente seu das garras da morte?

— Shimeon ainda não despertou? — Yeshua perguntou à Miriam.

— Não — ela respondeu com gravidade.

— Isto tudo, minha esposa, acontece deste modo para que os pobres de espírito creiam. O que era para ser um segredo entre nós somente, converteu-se num circo romano. Homens e mulheres vieram de vários lugares para assistir a um milagre divino.

— Você irá contar para o povo a verdade, meu marido?

— O que é a verdade, Miriam? Acaso posso eu revelar a verdadeira natureza do que se passa com Shimeon? A cegueira espiritual dos hebreus é demasiada para eles compreenderem a profundidade da experiência com a qual o seu irmão foi agraciado. Shimeon recebeu uma dádiva concedida a poucos, Miriam. A nenhum dos meus discípulos isto foi legado, nem aos meus irmãos. Somente a Shimeon... E, em breve, a você também. Vocês dois serão os únicos que terão recebido de minhas mãos as chaves do Reino.

De braços dados, Yeshua e Miriam deixaram a habitação e foram cercados pela população.

— Venha comigo, mestre. Eu lhe mostrarei onde Shimeon está sepultado — Miriam falou em voz alta, como que encenando uma peça teatral.

Yeshua, Miriam e Marta foram adiante, seguidos pelo cortejo de curiosos e seguidores. Logo chegaram ao sepulcro da família de Shimeon — uma cavidade escavada numa pedreira inóspita e lacrada com uma enorme rocha circular.

O pranto estridente das mulheres vestidas de branco de luto ecoava no ar. Alguns se posicionaram sobre o paredão de pedra para poderem observar melhor todos os movimentos do mestre. A maioria, no entanto, ficou há alguns passos de distância do nazareno, temerosos quanto aos eventos vindouros.

Yeshua se aproximou do sepulcro e tentou remover, em vão, o lacre.

— Removam esta pedra, por favor — pediu, por fim, aos varões presentes.

— Mas Shimeon já faleceu há quatro dias, mestre. Seu corpo já deve estar se decompondo! — Yaakov interveio.

O nazareno lançou um olhar fulminante para o discípulo, que se calou. Em seguida, reiterou — Removam a pedra!

Imediatamente, meia dúzia de fortes homens avançou e rolou a rocha para o lado, revelando a cavidade sombria onde Shimeon repousava.

Então, Yeshua se aproximou da fenda e se ajoelhou. Depois, erguendo aos céus sua face, de olhos fechados, orou.

— Pai, eu lhe dou graças porque você me ouviu. Eu sei que você sempre me ouve, mas digo isto por causa da multidão que me rodeia, para que creiam que você me enviou.

O nazareno se ergueu e bradou para que todos ouvissem: — Shimeon, vem para fora!

Neste momento, os prantos e o burburinho dos curiosos cessaram e o chamado de Yeshua se espalhou pelo local.

— Shimeon, vem para fora! — Yeshua repetiu e, para o espanto dos presentes, um homem, todo enfaixado segundo os costumes de embalsamamento ritual dos hebreus, saiu do sepulcro titubeando. Sem hesitação, o nazareno correu para ajudar o cunhado, desenrolando a mortalha e desatando os panos que prendiam o queixo, as mãos e os pés dele.

Quando a multidão ameaçou a reação de se aproximarem para tocar e falar com Shimeon, Yeshua as proibiu.

— Ele deve estar cansado. Deixem que ele vá e revigore suas forças.

25 DE ADAR, ANO 3790 DO CALENDÁRIO HEBREU
BETH ANYA, YEHUDA

Quando o sol se pôs, Shimeon subiu ao terraço. O tempo de purificação de seis dias havia passado desde o seu retorno dos reinos obscuros da morte. O ritual estava consumado, faltava somente que Yeshua conduzisse o espírito do parente pelos mistérios do Reino.

Vestido com uma túnica branca de linho, Shimeon se preparou para a derradeira lição do mestre. O processo iniciático havia sido uma árdua experiência, mas as recompensas eram reconfortantes. Aqueles dias, enterrado vivo, sufocado pelo sepulcro apertado, atormentado por uma avalancha de pensamentos e dúvidas, haviam fortalecido o ânimo de Shimeon. No silêncio da cripta, de onde não se podia ouvir som algum, com exceção dos movimentos do próprio corpo, Shimeon recebeu do Senhor a confirmação da grandeza de Yeshua. O seu cunhado era o mensageiro de Deus, o cordeiro pascal a ser imolado como holocausto perfeito. Ele não entendia muito bem como se daria o sacrifício de Yeshua; se isto era apenas mais um símbolo arcano, ou se seria um ato de entrega e de sacrifício.

No entanto, Shimeon compreendia que os desígnios de Deus eram incompreensíveis para o limitado intelecto dos homens.

Se nem os saduceus, nem os fariseus e escribas do Templo sabiam interpretar as Escrituras e os mandamentos divinos, não seria ele, Shimeon, um mero fazendeiro da vila de Beth anya que seria agraciado com a verdade. O que ele sabia era que Yeshua o havia escolhido como herdeiro da missão e do conhecimento. A ele, nesta noite, seriam transmitidos os saberes mais profundos e essenciais da vida e do Reino. Somente isto já era suficiente para ele ser o homem mais feliz da Palestina.

Enquanto Shimeon ponderava sobre estas coisas, Yeshua subiu também ao terraço e se sentou em frente ao cunhado. O nazareno não apreciava toda esta parafernália ritualística, mas estas eram práticas mais antigas que o tempo, transmitidas pelos primeiros hierofantes egípcios. Mas, se ele obedecesse literalmente à exigência de Deus — "atear fogo ao mundo" —, ele teria de incendiar todas as tradições também. As imolações de animais no Templo, as castas hindus, a escravidão romana, entre outras violações do estatuto sagrado de cada ser vivo no mundo.

Mas ele era somente um homem entre outros homens, como ele poderia mudar tanta coisa em tão pouco tempo; pois o que são quarenta ou cinquenta anos diante de milhares de anos de tradição? Como um homem só pode ter poder suficiente para modificar os rumos dos acontecimentos, forjar um mundo novo e mais equânime? Seria mais fácil deixar as coisas como elas estão. Repetir as mesmas invocações, recitar os mesmos salmos, entoar as mesmas canções que os seus antepassados entoavam. "Algumas coisas podem ser mudadas, outras não". Yeshua fitou longamente Shimeon. Por fim, com muita paciência e carinho, transmitiu-lhe todo o saber que havia acumulado em sua existência.

26 DE ADAR, ANO 3790 DO CALENDÁRIO HEBREU
YERUSHALÁYIM, YEHUDA

A cidade do rei! Eu temia o dia em que eu estaria diante da sua glória. O vale do Cedron se descortina diante de mim. Mais abaixo, a imponente muralha com seus maravilhosos portões e, no interior dela, milhares de almas trabalham e vivem, inconscientes da santidade daquele local. E, oprimindo tudo com sua glória, o Templo de mármore e de ouro resplandecentes, morada do Santo dos Santos.

— Onde seu tio estará nos esperando?

— No pátio dos Gentios — Miriam respondeu.

Yeshua e Miriam iniciaram a descida pelo Monte das Oliveiras até a Porta Oriental. Uma infinidade de gente e de animais entrava e saia de Yerushaláyim. Uma Babel de vozes e de raças cercou o casal quando eles atravessaram o portão, mergulhando nas movimentadas ruas da cidade santa. Sapateiros consertavam sandálias nas portas das suas lojas, mercadores vendiam tapeçarias e jóias em tendas, prostitutas aguardavam seus fregueses em vielas, mendigos estendiam suas cuias, fariseus caminhavam em bandos para oferecerem seus holocaustos no Templo. Fazia muito tempo que Yeshua não vinha a Yerushaláyim, de fato, ele ainda era uma criança. Depois que seu pai morreu, ficou mais difícil para sua família se deslocar da longínqua Nasrat até Yerushaláyim. Além disto, os galileus, em geral, não costumavam prestar muita reverência ao Templo físico, pois o Templo espiritual era mais importante para se chegar a Deus. Ocasionalmente, eles frequentavam os encontros sabáticos na sinagoga de Tzipori. Para que ir até Yerushaláyim, se Deus está em todos os lugares? A verdade é que o Templo era de tirar o fôlego. Das lembranças pueris de Yeshua, o Templo parecia infinitamente maior e mais brilhante. Entretanto, vendo-o, hoje, ele não era menos digno de adoração e reverência. A fé daqueles milhares de israelitas que todos os dias iam até o altar de sacrifícios para expiar suas faltas havia criado uma atmosfera de temor e devoção em torno do edifício. Mesmo Deus estando em todos os lugares, a fé dos hebreus se concentrava naquele prédio feito por mãos humanas, símbolo da religião e da resistência do povo escolhido. Um judeu devoto deveria subir a Yerushaláyim ao menos em três ocasiões no decorrer de um ano: na *Pesach*, no *Yom Kippur* e no *Rosh Hashanah*. Mas Yeshua não dava tanta importância a estas formalidades ritualísticas, pois se não houver devoção no coração do homem, não haverá alhures.

Na porta Oriental, Yeshua e Miriam se depararam com um possuído, que se debatia no chão e urrava. Numa estranha indiferença, o nazareno passou ao largo para não ter de se aproximar do endemoninhado. Espantada, Miriam fitou seu esposo.

— Você não irá ajudá-lo?

— Se eu for curar todas as pessoas que eu encontrar pelas ruas, eu não farei mais nada na minha vida, Miriam.

Silenciosos e sérios, os dois percorreram o caminho restante até o pátio dos Gentios.

Yosef de Ramtha, tio de Miriam, e Nakdimon, um sábio fariseu e membro do Sanhedrin, debatiam a *Torah*. No meio da multidão, Yosef distinguiu sua sobrinha e Yeshua. Pondo o braço sobre o ombro do interlocutor, ele caminhou em direção ao casal.

— Querida Miriam! Que bom revê-la!

Depois, voltando-se para Yeshua, Yosef beijou a face dele.

— Caro, Yeshua! Vieram para as festividades da *Pesach*?

Com uma pitada de ironia, Yeshua respondeu.

— Qual melhor data para Deus manifestar seus prodígios?

Sem se abater com a acidez do nazareno, Yosef apontou para o confrade, apresentando-o.

— Este é Nakdimon. Um grande intérprete da Lei e mestre das Escrituras.

Ligeiramente constrangido com o elogio, Nakdimon sorriu para Yeshua e Miriam.

— Eu sou Yeshua — o filho do carpinteiro falou ao rabino — Sou um ignorante quanto a *Torah* e a *Mishnah*. Deus fala e eu obedeço, mesmo que eu contrarie todos os preceitos da Lei.

Descorçoado, Nakdimon franziu o cenho e recuou.

— Desculpe-me, mas creio que não compreendi o que você disse...

Yeshua sorriu.

— Eu também aprendi a ler e interpretar as Escrituras e os profetas. Mas o que meu Pai me ensina não está livros nem em tábuas cerradas em arcas. Por isto, sou um ignorante quanto àquilo que vocês, mestres-da-lei, são versados. A Lei que Deus me deu é uma Lei viva. Eu amo e perdoo; o Deus que habita este Templo odeia e condena.

Yosef se aproximou de Yeshua e, segurando o braço dele, apaziguou-o.

— Sabemos, Yeshua, como os galileus rejeitam a santidade do Templo, mas não fale tão alto, porque os levitas estão sequiosos para dar uma cossa em peregrinos exaltados.

Nakdimon, porém, interveio em defesa do nazareno.

— Não é necessário repreendê-lo, Yosef, porque quando éramos jovens também possuíamos este ímpeto de querer que as coisas mudassem. Mas, à medida que envelhecemos, nós percebemos que as coisas permanecem sempre as mesmas, ou, quando muito, mudam de maneira quase insignificante. Mas devo concordar com você num ponto, não só os levitas estão atentos para qualquer distúrbio, os mercenários de Tiberius também estão.

O rabino apontou, então, para a fortaleza Antônia, donde algumas sentinelas romanas montavam guarda.

— Acaso você teme a morte? — Yeshua fulminou Nakdimon com o olhar.

O fariseu coçou a barba e ponderou por alguns instantes, sempre a fitar o nazareno.

— Por quê? Você não teme? — o rabino devolveu a pergunta.

— Nenhum profeta deve temer a morte — Yeshua respondeu rapidamente.

— Basta desta conversa — Yosef se interpôs entre Nakdimon e Yeshua. Depois, dirigindo-se a Miriam, indagou. — Onde vocês estão hospedados?

— Na casa do meu irmão — a magdalena falou com alegria — Aliás, Shimeon está aguardando uma visita sua. Ele estava reclamando que o senhor não aparece há meses em Beth anya.

— É a correria da vida, minha cara! Mas diga a ele que aparecerei por aquelas bandas antes das festividades de *Nisan*.

Os dois anciãos, Miriam e Yeshua caminharam para fora da área do Templo. O nazareno, porém, mantinha sua atenção nos cambistas que vendiam os animais para o holocausto.

27 DE ADAR, ANO 3790 DO CALENDÁRIO HEBREU
YERUSHALÁYIM, YEHUDA

Yeshua acordou cedo e, sendo acompanhado pelos discípulos, deixou Beth anya rumo à Yerushaláyim. Ele pretendia chegar a tempo para o culto matutino, o *saharit*, mas a sombra de uma figueira lhe pareceu mais conveniente para uma oração do que o Templo, maculado pela cobiça dos mercadores e pela hipocrisia dos sacerdotes.

Ele estendeu seu manto no solo e deitou-se lateralmente sobre ele. Os discípulos se dispuseram ao redor do mestre, aguardando alguma palavra ou ato. O nazareno ergueu seus olhos e mirou os galhos da frondosa árvore.

— Não é época de figos, mestre — Yohanan antecipou o desejo do mestre.

Com languidez, Yeshua fitou o jovem e sorriu.

— Mas quem sabe o Senhor, sabendo que viríamos nos sentar aqui hoje, não nos reservou alguns frutos?

No entanto, o Senhor não havia reservado nada para o profeta nem para seus seguidores.

— O Reino de Deus, meus irmãos, — Yeshua diz, então, cofiando o bigode — é como esta figueira. O filho do homem a olha e vê somente as folhas e passa ao largo sem se importar com ela. No devido tempo, contudo, os frutos brotarão e surgirão vistosos nos galhos e todos os homens e as aves do céu virão para dos figos se fartarem e na sombra se refrescarem.

Shimeon, ligeiramente envergonhado, pois ele nunca compreendia as parábolas, lançou um olhar desesperado para o mestre. Yeshua, notando a inquietação do pescador, fez um sinal para que ele externasse sua dúvida.

— Mestre, o que significa esta parábola? — Shimeon murmurou, sob uma chuva de gargalhadas dos demais, que também não haviam entendido o sentido do que Yeshua dissera, mas se divertiam com o constrangimento do companheiro.

— Esta história, Shimeon — Yeshua falou com gravidade, pois a incompreensão dos discípulos o perturbava. A mensagem dele corria sérios riscos de se deturpar ou de se perder; se os homens que ele havia escolhido para ensinar não aprendiam, como eles poderiam ensinar aos outros? — é bastante simples. A palavra de Deus, no começo, é tímida e desinteressante. Mas, com o tempo, ela fermenta no coração dos homens e eles começam a perceber como ela é bela e agradável. Então, nela eles se refugiam e encontram abrigo.

— E se o filho do homem não aceitar a palavra? — Yaakov indagou.

— É por isto que vocês devem percorrer o mundo todo propagando-a, porque assim ela alcançará muitos ouvidos e, se ao menos um aceitar a mensagem, vocês já terão cumprido sua missão.

— Para quem devemos falar? Para os judeus somente ou para os gentios? — Levi perguntou. Ele tinha muitos amigos pagãos que haviam se interessado pela palavra de Yeshua.

— Deus me enviou para o meu povo, Levi. Mas o meu povo não está pronto para a mensagem. Estamos há muito tempo gritando para que surdos nos ouçam; encontramos apenas incompreensão e ódio nas vilas que passamos. Começo a crer que devamos falar para quem quiser ouvir... Talvez os judeus jamais aceitem a boa-nova do Senhor.

Yeshua se levantou e olhou para o caminho que levava até Yerushaláyim.

— Um dia, meus irmãos, o Senhor apareceu para um homem no deserto e mandou que ele libertasse o povo hebreu da opressão que ele sofria no Egito. Este homem teve medo, mas o Senhor o insuflou com ânimo e força. O homem, munido somente com um cajado, foi ter com o Faraó e o Senhor estava com ele. Fez descer sobre aquelas terras pragas terríveis até que o monarca permitiu que os hebreus deixassem aquela região para prestar culto ao Deus Todo-poderoso. No deserto, o Senhor apareceu para o homem e lhe entregou as tábuas da Lei. Este homem se chamava Moshe e a Lei que o Senhor deu ao seu povo o escravizou. Há muito tempo, meus irmãos, o nosso povo deixou de obedecer aos mandamentos de Deus por amor ao Pai, mas sim por temor à Lei. Mas o Senhor, nosso Deus, me enviou com novos mandamentos, muito maiores do que todos os preceitos e proibições da *Torah*. Estes mandamentos não são novos porque eu os inventei ou porque ninguém nunca os enunciou; eles são novos porque o coração dos judeus está endurecido pela ganância e pela ignorância.

— Quais são estes mandamentos? — Shimeon indagou.

— Você está tanto tempo comigo e ainda não sabe quais são os maiores de todos os mandamentos?

— Ame o Senhor de todo o coração, com toda a alma, com toda a mente e com todas as suas forças e ame ao seu próximo como a si mesmo — Yohanan respondeu.

— Ah, é destes mandamentos que você estava falando mestre! — Shimeon exclamou, aborrecido com a intervenção de Yohanan.

— E de quais mais você pensou que eu estivesse falando? — Yeshua emitiu um riso nervoso. De fato, não eram apenas os judeus que eram surdos, mas alguns dos seus próprios discípulos.

4 DE NISAN, ANO 3790 DO CALENDÁRIO HEBREU
BETH ANYA, YEHUDA

Ao cair da noite, Shimeon, o irmão de Yeshua, chamou Petros, Yaakov e Yehudhah ish Qeryoth para caminharem com ele pelos arredores da vila.

— O que você quer conosco, Shimeon? — Shimeon Petros logo indagou, pois não gostava de mistérios.

— Como vocês sabem, — o irmão do mestre iniciou sua exposição — dentro de poucos dias será o dia da *Pesach*. Yeshua adora falar sobre amor ao próximo e sobre perdoar nossos inimigos... No entanto, eu o tenho observado nestes últimos dias e percebi que ele está planejando algo realmente grande.

— O que você quer dizer? — Yaakov segurou Shimeon pelo braço.

— Às vezes, na calada da noite, ele se encontra com o cunhado, e os dois ficam a conversar durante horas.

— E sobre o que eles conversam? — Shimeon Petros estava estimulado pela curiosidade.

— Ele está pensando em incitar uma rebelião em Yerushaláyim — Shimeon falou com prazer.

— Isto não é possível? Yaakov estava boquiaberto.

— Você está mentindo! — Shimeon Petros se afastou assustado.

Mas, Yehudhah, com sensatez, quis saber detalhes.

Shimeon e Yehudhah se apartaram dos pescadores e debateram em segredo.

— Yeshua falou que quer cumprir a profecia de Zechariah...

Yehudhah sorvia das palavras de Shimeon, ao mesmo tempo em que indicava para ele prosseguir falando — Qual profecia?

— *"Exulta muito, filha de Sião! Grita de alegria, filha de Yerushaláyim! Eis que o teu rei vem a ti: ele é justo e vitorioso, humilde, montado sobre um jumento, sobre um jumentinho, filho da jumenta, Ele eliminará de Efraim os carros e de Yerushaláyim os cavalos, o arco de guerra será eliminado. Ele anunciará a paz às nações. Seu domínio irá de mar a mar e do rio às extremidades da terra".*

— Mas esta profecia não fala nada de rebelião — Yehudhah interveio — Ela fala de paz e de humildade.

Shimeon lançou sobre o interlocutor um olhar de superioridade:

— É claro que se trata de uma revolta, seu ignorante. Esta profecia fala sobre o *Mashiach*, sobre aquele que estará assentado sobre as nações. Como o ungido do Senhor pode reinar sobre Yerushaláyim se a Cidade Santa é oprimida pelo jugo romano? Meu irmão quer liderar o povo para a guerra contra os invasores.

Yehudhah ish Qeryoth discordava com movimentos de cabeça:

— O mestre nunca falou em guerra e morte, mas sim em paz e em vida.

Shimeon Petros e Yaakov, que não haviam ouvido esta parte do diálogo, chegaram e indagaram:

— Sobre o que vocês estão falando?

— Não lhes contarei — Shimeon retrucou com aspereza — Somente Yehudhah teve coragem de ouvir, somente ele saberá do que se trata. Voltem para casa e nos deixem aqui.

Petros até pensou em insistir, mas Shimeon era um zelote e assassino. Não era uma ideia sábia discutir com quem já havia matado alguém.

— E como esta rebelião ocorrerá? — Yehudhah questionou.

— Eu ainda não sei. Aparentemente, Yeshua está organizando a encenação da profecia junto com o cunhado e alguns fariseus de Yerushaláyim.

— Será que o povo se levantará contra os romanos?

— Se não for agora, será em outra ocasião. O fim da escravidão está próximo.

Com medo dos próprios pensamentos, Yehudhah sussurrou:

— Será que o mestre é o ungido do Senhor?

— O *Mashiach* será aquele que primeiro possuir força para reunir os judeus e libertar a Terra Santa. Não me importo se ele for o meu irmão ou outra pessoa qualquer. Importo-me somente com o "quando". Não podemos mais suportar esta vida de privações. Você será homem o bastante para lutar por sua pátria, Yehudhah?

— Sim, Shimeon. Eu seria capaz de morrer pelo *Mashiach*.

6 DE NISAN, ANO 3790 DO CALENDÁRIO HEBREU
NASRAT, HAGALIL

Miriam estava desesperada por causa da falta de notícias sobre seus filhos. O único que ainda lhe era fiel era Yosef, que, para seu alívio, trabalhava diariamente na oficina como um israelita digno. Yeshua, o mais velho, havia se perdido no mundo — andava às voltas com lunáticos, leprosos e pecadores profetizando —; Yaakov morava e trabalhava em Yerushaláyim; Shimeon era um revoltado, quando os zelotes passaram por Nasrat, ele não pensou duas vezes em correr atrás deles; por fim, Yehudhah, o caçula, partira também quando os discípulos de Yeshua vieram pregar em Nasrat. A sua família fora consumida pela desgraça. Será que se Yosef ainda vivesse estas coisas teriam acontecido? Era muito triste ser uma viúva e não ter a força para manter os filhos unidos.

Na semana anterior, dois estrangeiros haviam batido à porta de Miriam e lhe fizeram perguntas sobre Yeshua. Os vizinhos a deixaram mais assustada do que ela já estava quando disseram que se tratava de emissários de Antipas, buscando informações para capturar e executar Yeshua. A notícia a deixou abalada; tanto que ficou de cama, assolada por um tremendo mal-estar e por devaneios. Yosef, o filho do meio, até pensou que algum espírito maligno houvesse tomado conta do corpo da sua mãe. Quando se recuperou, Miriam reuniu o filho e as filhas e anunciou. "Vou a Yerushaláyim com um grupo de peregrinos para celebrar a *Pesach*. Disseram-me que talvez eu encontrasse lá Yeshua e Yehudhah. Também aproveitarei a oportunidade para rever Yaakov. Quero que vocês venham comigo".

As filhas acataram o pedido da mãe, mas Yosef se recusou. Alegou ter muito trabalho para fazer e que não poderia perder nenhum dia nesta viagem, mas, no fundo, um ódio terrível o consumia. Ele não conseguia tolerar o modo de vida dos seus demais irmãos. Eles haviam abandonado a mãe, o lar, a comunidade. Não eram dignos da preocupação que Miriam lhes dedicava. Não, ele não iria até Yerushaláyim atrás deles!

Miriam não tardou em arrumar suas coisas e se preparar para a viagem. A expedição duraria em torno de seis dias, pois eles passariam por várias cidades de Hagalil, para se unirem a outros peregrinos. Além disto, eles teriam de contornar o território dos samaritanos e seguir pelo vale do Hayarden, o que também atrasava a viagem em algumas horas.

Quando a caravana com os peregrinos partiu de Nasrat rumo a Tzipori, Yosef nem saiu da oficina para se despedir da mãe e das irmãs. Sua esposa apareceu no umbral da carpintaria e lhe anunciou a partida.

— Sim, minha esposa, eu sei que elas já estão indo — ele respondeu secamente.

— E você não vai lhes desejar boa viagem? — a esposa questionou.

Yosef se voltou e fitou a esposa.

— Não.

8 DE NISAN, ANO 3790 DO CALENDÁRIO HEBREU
YERUSHALÁYIM, YEHUDA

Nos poucos dias que Yeshua havia passado em Yerushaláyim, ele pôde perceber que ali ele não seria tão bem recebido como fora em Hagalil. Às vezes, ele falava por horas no pátio dos gentios sem que ninguém se detivesse para ouví-lo. Os únicos que prestavam atenção aos ensinamentos de Yeshua eram os sacerdotes, para que pudessem, posteriormente, desacreditá-lo junto ao público, pois era o que costumavam fazer com estes profetas que, de tempos em tempos, apareciam para anunciar o fim dos tempos. De fato, o nazareno não passava de um anônimo excêntrico que gritava pelos pátios do Templo e que pregava alguma mensagem que somente corações camponeses estariam dispostos a acolher.

Alguns peregrinos de Migdal, reconhecendo o nazareno, se reuniram para as pregações.

Um tanto empolgado com a pequena plateia, Yeshua principiou, dizendo:

— Um homem plantou uma vinha, depois a arrendou a vinhateiros e partiu para outro país. Quando chegou a hora, ele enviou um dos seus servos para recolher dos arrendatários parte dos frutos da vinha. Mas os arrendatários se recusaram, espancaram o servo, insultaram-no e o ordenaram que deixasse aquelas terras. O homem enviou, então, outro servo; a este também espancaram, insultaram e mandaram embora de mãos vazias. O dono das terras enviou ainda um terceiro, que teve o mesmo triste tratamento. Então, o homem disse: "O que farei? Enviarei o meu próprio filho, meu filho amado. A ele os arrendatários hão de respeitar". Mas logo que estes o viram, pensaram: "Eis o herdeiro; vamos matá-lo para ficarmos com sua herança".

— Que triste parábola! — um dos peregrinos comentou, sendo apoiado pelos demais.

Sem o bom humor usual, Yeshua respondeu.

— Mas eu lhes digo que é isto que o povo de Yisra'el tem feitos desde o começo dos tempos.

Alguns saduceus, que haviam se preparado nos últimos dias para constrangerem o galileu, intervieram.

— Você nos diz que somos mentirosos e fraudadores, mas somente estamos cumprindo a missão que o Senhor nos destinou.

Então, Yeshua, que estava sentado ensinando, se levantou e caminhou na direção dos sacerdotes.

— Se um cego guia um outro cego, ambos cairão num buraco!

Os saduceus confabularam entre si, depois retrucaram.

— Está nos chamando de cegos? Quem lhe dá o direito de dizer estas coisas?

— Exalta a si mesmo que você será humilhado; humilhe-se e você será exaltado — ele respondeu, e prosseguiu — Vocês são como aquele rei que desejava acertar as contas com seus servos. Quando começou o acerto, trouxeram-lhe um que lhe devia dez mil talentos. Como não podia pagar, o senhor ordenou que o vendessem, junto com a sua mulher, seus filhos e todas as suas posses, para o pagamento da dívida. Então o servo caiu a seus pés e lhe implorou: "Senhor, tenha paciência comigo e pagarei tudo". Compassivo, o senhor soltou-o e perdoou-lhe a dívida. Mas, ao sair dali, este mesmo servo encontrou um dos seus companheiros de servidão, que lhe devia cem denários, e, tomando-o pelo pescoço, disse: "Pague-me o que você me deve". Então, seu colega de servidão caiu a seus pés e rogou-lhe: "Tenha paciência comigo e pagarei tudo". Ele se recusou e mandou-o para a prisão até que lhe pagasse a dívida. Quando os outros servos viram o que tinha acontecido, ficaram revoltados e contaram tudo que havia acontecido ao senhor. Então, o patrão chamou o servo e lhe disse: "Servo cruel! Eu perdoei a sua dívida porque você me implorou. Você não devia também ter compaixão do seu colega, como eu tive de você?" Assim, enfurecido, o senhor entregou o servo aos carrascos, até que ele pagasse a sua dívida.

Os peregrinos riram. Os saduceus, constrangidos com a habilidade retórica de Yeshua, insistiram.

— O que lhe fizemos para odiar-nos tanto?

Yeshua sorriu, e era a primeira vez que ele fazia isto diante dos hierosolomitas.

— Dois homens subiram ao Templo para rezar; um era um saduceu e o outro um publicano. O saduceu, de pé, orava consigo mesmo, da seguinte maneira: "Senhor, eu lhe dou graças porque não sou como os outros homens, extorsionários, injustos, adúlteros, e nem como este coletor de impostos. Jejuo duas vezes por semana, pago o dízimo de tudo o que recebo". No entanto, o publicano, mantendo-se à distância, não erguia nem os olhos ao céu; ao invés disso, batia no peito, dizendo: "Deus, tenha piedade de mim, pois sou um pecador!" Este homem recebeu o perdão, o outro não.

Quando os saduceus abriram as bocas para retrucar, Yeshua continuou.

— Vocês escravizam o povo de Yisra'el! Mais do que os romanos, mais do que a *Torah*! Ao monopolizar a verdade, vocês impedem que muitos tenham acesso a ela. É por causa de vocês que o Senhor tem de enviar, de tempos em tempos, os profetas. Pois eles vêm para tirar as vendas que lhes impedem de ver o mal que vocês causam aos israelitas!

Ao dizer isto, Yeshua reuniu os seus discípulos e foi para o outro lado, longe dos saduceus. Mas eles não desistiram, mandaram um escriba disfarçado para interrogar o nazareno.

O escriba sentou-se junto ao grupo de Yeshua e, quando este começou a falar, o escriba interrompeu e perguntou.

— Mestre, nós devemos pagar ou não o imposto a César?

Mas Yeshua não se perturbou.

— Que tipo de pergunta é esta?

O escriba esclareceu.

— É que, se somos oprimidos pelos estrangeiros, devemos alimentá-los com o nosso dinheiro e com as nossas plantações?

Levi, que era um ótimo fisionomista, lembrou-se das feições do escriba e sussurrou no ouvido do galileu.

— Mestre, ele é um dos saduceus.

Compreendendo as intenções daquele homem, Yeshua solicitou.

— Alguém me dê uma moeda, por favor.

Yehudhah ish Qeryoth retirou um denário da bolsa e o estendeu a Yeshua, que, por sua vez, entregou-a ao escriba.

— De quem é a face gravada nesta moeda? — ele indagou.

Descorçoado, o escriba resmungou.

— De César.

— Então! — Yeshua soltou com louvor — Dê a César o que é de César, e a Deus o que é de Deus. Agora, volte para junto dos seus colegas e lhes diga a minha resposta.

Sem nada dizer, o escriba deixou o grupo e desapareceu em meio à multidão que transitava pela esplanada do Templo.

9 DE NISAN, ANO 3790 DO CALENDÁRIO HEBREU
YERUSHALÁYIM, YEHUDA

De sobre o monte das oliveiras, Yeshua e os discípulos contemplaram mais uma vez a Cidade Santa. O ouro e o mármore do Templo ainda resplandeciam; a fortaleza Antônia, com taciturnos legionários montando guarda, ainda assombrava a face norte do pátio dos Gentios; e os peregrinos — dezenas de milhares deles — ainda continuavam chegando e se assentando nos arredores da cidadela. A única diferença naquele panorama era Yeshua. Ele estava silencioso, reflexivo. Um grande fardo pousava sobre o semblante do galileu. Demoradamente, ele permaneceu estático, assombrado com Yerushaláyim.

— Estão vendo aquele povoado? — Yeshua quebrou o silêncio, ao se dirigir a Yohanan e Yaakov — Desçam até lá. Vocês encontrarão um jumento amarrado à porta de uma casa. Tragam-no para mim.

— E se alguém nos impedir? — Yaakov perguntou com preocupação.

— Diga que é para mim e que logo nós o devolveremos. Agora, vão!

Sob esta exortação, os discípulos, com passo acelerado, desceram a encosta até o vilarejo.

Enquanto aguardava o retorno dos discípulos, Yeshua se assentou sobre uma rocha e ficou cofiando o bigode. Os demais se acomodaram ao redor do mestre.

Shimeon, o zelote, chamou de lado Yehudhah e lhe falou.

— Está vendo? Hoje é o dia. Está portando sua espada?

Yehudhah pôs a mão direita por debaixo do manto no flanco esquerdo.

— Fique atento, Yehudhah — Shimeon prosseguiu — Muito sangue pode ser derramado, hoje.

— Não é bom que avisemos os outros?

— Somente um cego não perceberia o que está ocorrendo, Yehudhah. É óbvio que Yeshua está planejando algo, basta olhar para ele.

Então os dois se voltaram e observaram por alguns instantes as expressões do mestre.

— De fato, ele está bastante diferente nestes últimos dias — Yehudhah concluiu.

— Yaakov e Yohanan estão voltando com o jumento.

O nazareno puxou o animal pelo cabresto e se preparou para montá-lo, mas Shimeon, o zelote, se adiantou e, despojando-se de sua túnica, cobriu o lombo do jumentinho.

— Não posso deixá-lo montar em pelo, meu irmão. Pois você se assentará sobre o trono das nações.

Yeshua franziu o cenho, encarando Shimeon. Em seguida, projetou-se para cima da besta.

— Vamos viajar para algum lugar distante? — perguntou Shimeon Petros. Ele nunca havia visto Yeshua cavalgando animal algum e, se o mestre agora o fazia, é porque seria uma longa jornada.

— Na viagem que eu tenho de empreender, nenhum de vocês poderá me acompanhar. Mas, por ora, apenas subiremos à Yerushaláyim — e Yeshua incitou o animal a andar. Os discípulos seguiam atrás, pensativos. Qual era este destino proibido a eles? Como eles ficariam sem o mestre para conduzí-los? Yeshua era como um pastor; se o pastor não está presente, quem olhará pelo rebanho para que ele não se disperse? Se o pastor está ausente, quem afastará o lobo das ovelhas?

Quando a multidão de leprosos e mendigos, que esmolava próxima à Porta Oriental, viu o profeta de Nasrat, ela o cercou e implorou por compaixão. Yeshua, de sobre o jumentinho, lançava apenas olhares bondosos e acarinhava os cabelos daqueles que haviam conseguido se aproximar do mestre em meio àquela balbúrdia. Os peregrinos, oriundos de todas as regiões da Palestina para as festividades da *Pesach*, também se aproximaram da turba, curiosos.

Os discípulos formaram um círculo de proteção em torno do mestre, com o intuito de evitar que alguém, num ato mais exaltado, agarrasse Yeshua e o derrubasse da montaria.

Shimeon, o irmão do mestre, tocou o braço de Yehudhah, que se deslumbrava com o espetáculo popular ao seu redor, e sussurrou no seu ouvido.

— Viu, meu amigo, começou o reino do *Mashiach*.

Então, com voz forte e sonora, Shimeon entoou.

— "Bendito seja o que vem em nome do Senhor!"

E, arrebatada, a multidão repetiu:

— *"Bendito seja o que vem em nome do Senhor!"*

Shimeon, empolgado com o coro, exclamou mais alto:

— Bendito seja o filho de David!

O povo repetiu a exortação com júbilo. Alguns tiveram a ideia de cortar ramos das árvores próximas e estender no caminho diante de Yeshua.

Instigados por esta ação, outros retiraram suas próprias túnicas e as puseram no chão diante do nazareno para que ele passasse. Como um rei que retorna vitorioso de uma campanha militar, Yeshua adentrou a Cidade Santa.

Era tão grande a agitação que a pequena distância entre a Porta das Águas e o Templo parecia impossível de ser transposta. Centenas de pessoas se aglomeravam por entre as ruelas e casebres. Todos queriam ver e tocar o profeta de Hagalil; todos desejavam ser curados. Alguns legionários romanos observavam a movimentação, impotentes diante da grandeza da manifestação popular. Yeshua, o cerne daquela visão triunfal, era a figura mais humilde e singela de todo aquele panorama. A sua postura, os seus gestos, suas feições demonstravam uma gentileza que não era humana; parecia que, ao esporear o jumento, ele suplicava para que o povo abrisse caminho, quando, na verdade, era a população que, voluntariamente, abria espaço para que o seu rei e salvador pudesse chegar à sua morada reluzente assentada sobre o monte Sião.

Eles seguiram pela rua do hipódromo e, sem contratempos, chegaram à entrada sudeste do Templo. Ali, Yeshua desmontou o animal e subiu a escadaria que conduzia ao pátio dos gentios, sendo seguido pela turba entusiasmada. Os escribas e fariseus acompanhavam, receosos, a invasão encabeçada pelo nazareno, mas eram sábios demais para se intrometerem. Logo que subiram ao pátio, Yeshua e seus seguidores vislumbraram aquela infinidade de pessoas, de mercadores com suas respectivas tendas e de animais propícios para os sacrifícios pascais.

O profeta de Nasrat caminhou com displicência por entre as barracas, observando as negociatas e ouvindo os balires dos cordeiros e o tilintar das moedas sendo cambiadas. O povo aguardava, em silêncio, alguma ordem do seu rei, alguma atitude. Yeshua se voltou para a multidão e a fitou com gravidade. Shimeon se aproximou do irmão e sussurrou em seu ouvido.

— Chegou a hora, meu irmão. Você já conseguiu o mais difícil... Os hebreus o seguiram; aguardam apenas uma ordem sua. Não titubeie nesta hora vital.

Yeshua tocou o ombro do irmão e, sorrindo, lhe disse.

— Eu sei o que deve ser feito, Shimeon. Não fraquejarei diante do meu destino.

E, desatando a tira de couro que lhe servia de cinta, açoitou a mesa de um cambista.

— Está escrito: *"Minha casa tem a função de ser casa de oração para todos os povos"*. Ouçam Yirmeyáhu: *"Acaso esta casa, onde o meu nome é invocado, parece-vos um covil de ladrões?"*. Eu e o profeta vemos que sim! Vocês tornaram a casa do Senhor em um mercado! Meu Pai não precisa disto para nos amar, povo incrédulo! Meu Pai não precisa de sangue... Basta que vocês amem o seu próximo. É tudo que o Senhor lhes pede.

Alguns fariseus, que escutavam de longe as acusações de Yeshua se achegaram e segurando-o pelo braço, tentaram arrastá-lo para um local isolado.

— Cale-se, galileu, acaso não vê que os romanos estão observando. Acaso é insano?

Mas Yeshua se desvencilhou.

— O que você teme, ancião?

— Temo por você, meu amigo. Concordo com suas palavras, mas este não é o melhor lugar, nem o melhor momento.

Mas Yeshua não se deixou levar; açoitou novamente uma das mesas.

— Ouça-me, povo de Yisra'el...

No entanto, escribas e saduceus também se reuniram ao grupo e o interrogaram.

— Com que direito você faz isto? Quem lhe deu autorização para fazer estas coisas?

O nazareno lançou um olhar fulminante sobre eles e, quase enfurecido, lhes dirigiu a palavra:

— Eu também lhes farei uma pergunta... Se me responderem, eu também lhes responderei com que direito eu faço estas coisas.

Os anciãos fizeram um sinal para que Yeshua perguntasse.

— De onde provinha o batismo de Yohanan, dos céus ou dos homens?

Os eruditos arregalaram os olhos e se reuniram em círculo para debaterem.

Após breve conferência, eles se voltaram ao galileu.

— Não sabemos responder a esta pergunta.

Yeshua soltou um riso sarcástico.

— Tampouco eu lhes direi com que direito eu faço estas coisas. Ainda acrescento: Vocês veem este edifício magnífico? — ele apontou para o Templo. — Eu destruirei esta casa e ninguém poderá reconstrui-la!

Então, com toda a força, ele virou a mesa de um dos mercadores. O povo, estimulado pelo ímpeto do profeta, imitou o seu gesto e, em poucos instantes, o pátio dos gentios se assemelhava a uma praça de guerra. Os mercadores tentavam proteger seus animais ou recolhiam as moedas do chão, os seguidores do nazareno destruíam as tendas e furtavam suas mercadorias;

os levitas e os guardiões romanos, que desceram da fortaleza Antônia com uma celeridade exemplar, tentavam controlar a multidão enfurecida.

Os discípulos mais próximos do mestre formaram um círculo de proteção; aqueles que portavam espadas — Shimeon Petros; Shimeon, o irmão do mestre; Yehudhah ish Qeryoth; Andreas e alguns outros — se encarregaram da defesa, enquanto os demais participavam avidamente da revolução.

Shimeon, vendo que em pouco tempo eles poderiam subjugar os legionários, se dirigiu ao irmão.

— Comande o seu exército, Yeshua! A vitória será nossa! Devemos tomar a fortaleza Antônia e depois marchar para o palácio de Herodes. Derrubaremos os dois pilares de uma vez só, Pilatos e o tetrarca.

Mas, com uma sombria tristeza, Yeshua respondeu.

— Não, meu irmão, você está enganado. A vitória está na derrota. Devemos sair daqui e voltar para nosso acampamento.

— Mas, Yeshua, esta é uma chance única. Se não tomarmos a fortaleza hoje, jamais o faremos. Eles enviarão reforços e nos matarão.

— Que assim seja! — Yeshua bradou mais alto que o irmão — Vamos embora — Yeshua deixou o Templo pela Porta Oriental, escoltado pelos discípulos que forçavam passagem por entre a baderna.

9 DE NISAN, ANO 3790 DO CALENDÁRIO HEBREU
YERUSHALÁYIM, YEHUDA

Yehudhah acordou sentindo a rocha fria contra o seu rosto. Dois legionários romanos conversavam entre si, em latim, enquanto o hebreu estava deitado no chão de uma cela. Nas paredes, lâmpadas de azeite ardiam iluminando o ambiente, pois janelas não havia, somente uma escada numa das extremidades da sala. Passos secos desciam por ela e, em pouco tempo, uma figura franzina surgiu da escadaria. Tinha a aparência e se vestia como um hebreu. Ele se aproximou dos dois soldados e, em grego, se dirigiu a eles. Em seguida, ajoelhando-se um tanto longe do cativo, falou em aramaico.

— Como é o seu nome?

— Yehudhah ish Qeryoth, filho de Ysma'el.

— Você sabe o que aconteceu hoje no Templo? — o interrogador se aproximou um pouco dele.

Yehudhah se lembrou da revolução. Não sabia qual havia sido o desfecho, tampouco como havia parado naquela cela. Será que Yeshua e os outros haviam tomado Yerushaláyim? Estavam eles mortos? Talvez fosse prudente fingir ignorância.

— De nada sei.

O hebreu se levantou e traduziu, para os legionários, o que Yehudhah havia dito. Estes, incrédulos, se acocoraram bem próximos da face do prisioneiro.

— Vimos o que você fez— um deles disse em grego.

O olhar desesperado de Yehudhah se voltou para o intérprete.

— Eles disseram que viram o que você fez.

— Mas eu não fiz nada! — o prisioneiro disse num tom de súplica.

Os legionários, que não precisavam de intérprete para compreender o que Yehudhah havia dito, se levantaram e chutaram incessantemente o abdômen e as costas dele. Depois, sem nada dizer, deixaram o recinto.

O intérprete, que pretendia dar ares de bom moço, mais uma vez se agachou perto de Yehudhah.

— É melhor que você conte o que sabe, meu amigo. Não há dúvida quanto à sua participação neste levante. Todos viram os envolvidos, só precisamos saber quem é o líder e onde ele se encontra, somente isto. Poupe o nosso tempo... — pondo a mão em concha sobre o ouvido, ele acrescentou — Ouça! Eles estão voltando.

Logo após falar isto, os legionários voltaram com dois porretes de madeira. Conversavam jovialmente, mas quando notaram que Yehudhah os observava, eles se calaram. Batiam com o porrete na mão, num gesto óbvio de intimidação.

— Chegou o momento de falar... Estamos escutando — o intérprete falou enquanto caminhava.

— Mas eu não sei de nada! — Yehudhah gritou, já se encolhendo para suportar as pauladas, que se seguiram inevitavelmente — Eu não sei de nada! — Yehudhah chorava como uma criança — Não sei!

10 DE NISAN, ANO 3790 DO CALENDÁRIO HEBREU
YERUSHALÁYIM, YEHUDA

Exausto, Yehudhah despertou em meio às trevas. Nenhuma lâmpada estava acesa, por isto, era impossível distinguir qualquer coisa que fosse. Ele tentou se levantar, mas, na ausência de algum amparo, Yehudhah hesitou. Ainda tateou na tentativa de localizar alguma das paredes, mas rastejou e não as encontrou. Será que minha perna está quebrada? Pois, por mais que tentasse, ela não respondia aos seus comandos.

Sozinho e no escuro, Yehudhah chorou de soluçar. Maldito o dia em que ele fora seguir aquele profeta! Para que ele havia se arriscado? Se Yeshua houvesse conquistado Yerushaláyim, agora ele já estaria liberto, ou o Messias se esqueceria dos seus servos? E se o mestre estivesse morto? Um calafrio percorreu o corpo do hebreu. Ele não conseguia imaginar um homem que cura coxos e cegos e que ressuscita crianças e varões pudesse haver morrido. Yeshua era imortal. Ele era o ungido do Senhor, o rei assentado sobre as nações, não morreria num conflito como aquele do Templo. A destruição encabeçada pelo mestre havia sido uma amostra; a primeira vitória do filho de David. Já seria um outro dia? Naquele local era impossível de se saber as horas, podia ser de noite ou de manhã, ele jamais saberia. Os romanos estão tentando me confundir, mas eu não entregarei o meu mestre e senhor. Ele morreria por mim... Eu morreria por ele.

Com um novo ânimo, Yehudhah rastejou mais um tanto até se chocar contra a parede de pedra. A sensação da pedra fria o reconfortou. Ficou por muito tempo nesta posição, apoiado contra a parede. Ouviu risos vindo da extremidade oposta da sala. Eles estão descendo! Yehudhah se exaltou e, agora com a ajuda de um apoio, se ergueu. Apurou os ouvidos e ficou prestando atenção; mas ninguém desceu até a cela. Os sons deviam estar vindo de alguma câmara acima, de onde alguém estaria montando guarda. Com o coração palpitando e respiração ofegante, Yehudhah voltou a se acomodar. Aguardou durante muito tempo, mas ninguém apareceu. *Eles me deixaram em paz. Devem ter capturado Yeshua. Por que eles me ignorariam se a informação que eu lhes podia dar era tão crucial? Em breve, eu e o meu mestre nos encontraremos dependurados na cruz. Ao menos, eu estarei ao lado dele.*

Constrangido, Yehudhah se arrastou até um dos cantos do cárcere e ali urinou. Fome e sede atrozes o consumiam, mas ele não imploraria nada aos pagãos romanos. Morrer de sede ou na cruz, ambos era destinos gloriosos.

11 de Nisan, ano 3790 do calendário hebreu
Yerushaláyim, Yehuda

O prisioneiro foi despertado a pontapés.

— Levante-se! — o soldado ordenou.

Claudicante, Yehudhah se ergueu. A sala não mais estava nas trevas. Os dois torturadores estavam de volta, juntamente com o intérprete, que observava a terrível cena de pé sobre o segundo degrau da escada.

O prisioneiro até que tentou encarar os seus verdugos, no entanto, um murro o projetou três passos para trás, lançando-o de encontro à parede. Os dois soldados avançaram e esmurraram Yehudhah até quase a inconsciência, deixando-o indefeso no solo.

Aproveitando a oportunidade, o interrogador se dirigiu a Yehudhah.

— Não pense que queremos fazer isto com você, Yehudhah, filho de Ysma'el. Mas você tem que entender que o seu líder tentou comandar uma rebelião, não somente contra o Templo e os sacerdotes, como contra Roma também. Você bem sabe que a *Pesach* é uma época oportuna para este tipo de manifestações. Esta não foi a primeira, nem será a última vez que algo do gênero ocorre durante estas festividades. A única incumbência de Roma é a de manter a paz para que todos os peregrinos possam visitar Yerushaláyim, fazer sua oferta ao Senhor, comer a sua ceia pascal e retornar a suas casas em paz. Sabemos que o profeta que você segue talvez até tenha boas intenções, objetivos nobres — afinal de contas, o Império não se intromete em assuntos religiosos relativos às províncias que ele administra —, uma rebelião, porém, é algo mais sério. Zelotes andam pela cidade, aguardando somente um gesto como o do seu mestre, prontos para iniciarem uma guerra contra Roma. É isto que você deseja? Que seus irmãos e irmãs, pais e parentes sejam mortos porque alguns estão insatisfeitos com um deslize ou outro de administração romana aqui na Palestina?

Em meio à sua lastimável condição, Yehudhah fez que não com a cabeça.

— Eu sei que não, meu amigo. É por isto que precisamos que você nos conte quem é o líder do seu bando. Eu lhe dou a minha palavra que ele será julgado pelo nosso nobre procurador. Nenhuma injustiça será cometida no governo de Pontius Pilatus. Basta somente que você diga qual é o nome e onde se encontra o seu mestre.

No entanto, Yehudhah não se convenceu. Encolheu-se mais uma vez e se preparou para os previsíveis pontapés que viriam.

— Escolha errada, meu caro — o intérprete disse, dando as costas a Yehudhah enquanto ele era arremetido por uma nova rodada de murros e chutes.

11 DE NISAN, ANO 3790 DO CALENDÁRIO HEBREU
YERUSHALÁYIM, YEHUDA

Shimeon, o zelote, entrou na casa de El'azar e sentou-se ao lado do irmão, que fingia que cochilava numa esteira na sala.

— Até quando você ficará escondido aqui, Yeshua? Você conseguiu o mais difícil que foi reunir o povo atrás de si, por que você não usa desta influência e nos liberta?

Sem levantar as pálpebras, o nazareno respondeu baixinho.

— Eles não vieram atrás de mim, meu irmão. Não foram os meus ensinamentos que converteram os judeus e os fizeram me seguir. Foi aquela cena patética inspirada em Zechariah.

Shimeon se levantou num ímpeto.

— Então! Eles agora pensam que você é o *Mashiach*! Está na hora, Yeshua! Reúna os seus discípulos e vamos invadir Yerushaláyim. Os zelotes nos dariam apoio.

Com devastadora tristeza, Yeshua abriu os olhos e fitou Shimeon.

— Você realmente não compreendeu ainda a minha mensagem, não é?

Shimeon negava com a cabeça.

— Você é que não sabe para que veio. Uma hora, prega a paz; noutra, derruba as mesas dos mercadores do Templo. O que você quer Yeshua?

— Eu não sei — uma lágrima escorreu dos olhos do galileu.

— O que o Senhor lhe diz para fazer?

— Meu Pai não fala mais comigo.

— Sabe por que ele não fala mais com você? — Shimeon perguntou.

— Não. Por quê?

— É que chegou a hora de você decidir o que deve fazer. O Senhor não pode decidir tudo pelos homens — então ele abriu um amplo sorriso — Vou lhe contar uma história, Yeshua. Um agricultor semeou a terra. As chuvas vieram e a regou. A semente brotou e deu frutos.

Yeshua olhou curioso para Shimeon, que prosseguiu.

— O Senhor nosso Deus fez a chuva molhar o solo; Ele fez a semente brotar e dar frutos, mas foi o homem que escolheu semear a terra.

Lentamente, Yeshua se virou e ficou deitado de costas, observando o teto de barro.

— Concordo com você, Shimeon, mas, às vezes, Deus tem planos que nós desconhecemos, pois Ele sabe de tudo. Quem pode nos garantir que Deus já não havia destinado que aquele homem fosse um agricultor? Os desígnios do Senhor podem ser misteriosos. Deus não fala mais comigo porque já me disse tudo o que tinha para dizer...

— O que então acontecerá? Reinaremos sobre Yerushaláyim? — Shimeon perguntou entusiasmado.

— Não. Seremos servos da morte.

Um pesado silêncio pairou entre os irmãos. Cabisbaixo, Shimeon se retirou, deixando Yeshua à sós com seus próprios pensamentos.

— Por que você fica atormentando o nosso mestre, Shimeon? — Petros indagou ao zelote, pois ele havia escutado, da porta, a conversa.

— E por que você fica nos espionando? — Shimeon empurrou Petros — Se fizer isto de novo, eu mato você.

Petros recuou alguns passos. Até pensou em retrucar, mas o medo travou sua boca. Ele ainda ficou observando Shimeon se afastando. Na sua mente, as palavras de Yeshua ressoavam: "Seremos servos da morte".

12 DE NISAN, ANO 3790 DO CALENDÁRIO HEBREU
YERUSHALÁYIM, YEHUDA

O prisioneiro Yehudhah não conseguiu dormir naquela noite. Dores atrozes afligiam todo o seu corpo, principalmente as suas vísceras, que foram cruelmente castigadas na última sessão de espancamento. Naquele canto que Yehudhah havia determinado como latrina, ele defecou, urinou e vomitou sangue, tanto que ele chegou a temer por sua vida, pois algum ferimento grave deveria ter afetado algum dos seus órgãos. Desta vez, as lâmpadas de azeite não se apagaram, pois um carcereiro foi encarregado de alimentá-las continuamente, mas, como o cativo não pretendia repousar, a claridade serviu para afastar a angústia das trevas. Ele caminhou algumas vezes até a escadaria e chegou a ensaiar uma subida para ver o que ocorria lá em cima. No entanto, o som de vozes o amedrontou.

Como um animal acuado, Yehudhah se refugiou no canto (oposto à latrina) e se pôs a pensar sobre um meio de escapar do jugo romano. Ele até poderia tentar atacar os torturadores, mas, debilitado como estava, este ato serviria apenas para apressar a sua execução, já que os soldados romanos haviam provado que não possuíam nenhuma compaixão. Seriam capazes de espancá-lo até à morte sem hesitarem. Contudo, Yehudhah possuía uma informação crucial para eles... Uma barganha poderia ser a sua salvação. Outro problema, porém, se apresentou: como lhes dar a informação sem que eles o exterminassem depois?

O tempo que Yehudhah teve para ponderar foi suficiente, pois os torturadores só retornaram à noite.

Sem perguntas, eles avançaram sobre Yehudhah, mas ele os deteve com um gesto de mão.

— Eu vou contar o que sei. Não me batam mais, por favor!

Sem entender, eles olharam para o intérprete que havia acabado de descer as escadas.

— Ele confessará! — o intérprete falou, com alegria, em grego.

12 DE NISAN, ANO 3790 DO CALENDÁRIO HEBREU
YERUSHALÁYIM, YEHUDA

Todos reunidos à mesa, comendo e bebendo. Yeshua estava reclinado lateralmente; do seu lado estava Shimeon, "o leproso", ao qual agora todos chamavam de El'azar, que significa "ajudado por Deus". Havia muitos convidados na casa de El'azar naquela noite, pois alguns sacerdotes de Yerushaláyim estavam impressionados com as atitudes do nazareno no pátio do Templo e vieram para ouvir o que ele tinha para dizer. Os discípulos também estavam presentes, mas atemorizados com a presença dos fariseus. "Eles vieram para colher informações e, posteriormente, entregar Yeshua às autoridades romanas", especulavam os seguidores do profeta. Mas Yeshua não havia dado importância às preocupações dos discípulos.

— Eu falei abertamente no Templo para que todos ouvissem; se alguém quiser me prender, eu aguardarei sem temor.

Obviamente, nenhum dos seguidores compartilhava deste mesmo sentimento. Alguns debandaram logo após o incidente no Templo, com medo de serem alvo dos romanos; outros haviam sido encarcerados e não se sabia o paradeiro deles; o restante permanecia ao lado do mestre, mas com severas ressalvas. Se os legionários despontassem no horizonte, seria difícil para eles saberem se morreriam lutando pelo nazareno ou se fugiriam covardemente e se esconderiam em cavernas no deserto.

— Como andam os ânimos em Yerushaláyim? — Yeshua indagou aos anciãos fariseus, após todos terminarem a ceia.

— Os mercadores já retomaram suas atividades normais. Nenhum deles parece ter dado importância ao ocorrido, com exceção de um ou outro que se sentiu prejudicado em alguns denários — Nakdimon, um dos anciãos que compunha o Sinédrio, observou.

— Mas eu sugiro que não você apareça tão cedo nos arredores do Templo. — Yosef de Ramtha acrescentou — As autoridades romanas aumentaram as guarnições e ouvi dizer que um destacamento acabou de chegar da Síria e está acampado ao norte dos muros da cidade.

— No entanto, caro Yosef, — Zechariah falou com sua voz rouca e plácida — este reforço militar se deve mais à chegada do procurador Pontius Pilatus à cidade do que ao tumulto causado por Yeshua. O que o nosso amigo nazareno demonstrou, somente, é a instabilidade do domínio romano. Você tocou, — ele se dirigiu a Yeshua — no nervo exposto do Império. "Como é que um pobre camponês como este pode liderar uma insurreição?", eles devem estar se questionando neste exato momento.

Yehoshua ben Zechariah, que havia permanecido em silêncio desde o início da conversa, concordou com as palavras de seu pai — Tanto é verdade o que você disse, meu pai, que as autoridades sequer sabem a quem procurar. Eles ainda não possuem a identidade de quem liderou a revolta. Por ora, Yeshua, você está à salvo.

— Mas até quando, Yehoshua? — o nazareno perguntou — Muitos dos nossos foram capturados. Não acho difícil que um deles me denuncie...

A entrada de Miriam, a esposa do mestre, interrompeu o diálogo. Ela trazia nas mãos um jarro de alabastro e, com passos tímidos, se aproximou, desatou o lenço que cobria a cabeça do marido, e derramou o conteúdo do recipiente sobre seus cabelos. O odor do perfume de nardo se espalhou pelo recinto.

Petros, que estava consternado com o rumo que as coisas vinham tomando desde que chegaram a Yerushaláyim, se revoltou com o gesto de Miriam.

— O que você está fazendo, mulher? Este perfume que você está desperdiçando é caríssimo. Deveríamos tê-lo vendido e, com o dinheiro, comprado comida para os pobres!

A repreensão fez que com que Miriam hesitasse. Contudo, Yeshua a instigou a continuar; em seguida, disse a Petros.

— Você não compreende o que Miriam fez, não é? Ela acabou de realizar o que ninguém ousou fazer por mim. Ela me ungiu. Ela me fez rei; não deste mundo, mas do Reino de meu Pai. Quanto aos pobres, vocês sempre os terão para alimentar e cuidar, mas a mim, até quanto terão? Não ouviram o que os anciãos disseram? Em Yerushaláyim, espiões me procuram e buscam meios para me matar. Mas, sendo eu ungido rei, ninguém se esquecerá de mim nem de Miriam, aquela que me ungiu.

Humilhado, Petros ainda murmurou.

— Mas você mesmo nos disse que você não é o *Mashiach*.

— E não sou. No entanto, um dia, vocês se esquecerão de tudo aquilo que eu disse e fiz. Neste dia, vocês farão de mim o que bem entenderem; deturparão a minha mensagem e me converterão num ídolo. Mas, se eu tiver sorte, vocês me esquecerão... E tudo o que aconteceu na Hagalil e na Yehuda nestes anos turbulentos não passarão de uma mera recordação de um sonho não realizado. O Reino já está aqui no meio de nós, mas todos preferem procurar em outros lugares.

13 DE NISAN, ANO 3790 DO CALENDÁRIO HEBREU
YERUSHALÁYIM, YEHUDA

— Onde celebraremos a *Pesach*, mestre? — Yohanan indagou, enquanto eles repousavam no jardim da casa de El'azar.

— Ainda não sei, Yohanan. Deixe que cada dia tenha a sua preocupação; por hoje, fomos convidados por Menashe para cearmos com ele em sua casa. Seria de bom tom que alguns de vocês fossem até a casa dele para ajudar nos preparativos.

Yaakov e Andreas imediatamente se prontificaram.

— Subam até Yerusháyim e vão até a casa de Menashe. O servo dele lhes indicará o que ainda deve ser feito.

— Mas nós não sabemos quem é o servo de Menashe — Andreas coçou a cabeça.

— Basta que vocês cheguem e se apresentem dizendo: "Somos amigos de Yeshua e viemos ajudar na preparação da ceia. Mostre-nos o que ainda deve ser feito".

— Posso fazer uma observação, mestre? — Yaakov perguntou — Hoje à noite será a véspera da *Pesach*, não devíamos jejuar para nos prepararmos?

— Jejuar? — Yeshua disse num tom irônico — Que pecado cometi, ou onde fui derrotado? Mas quando o noivo deixar o quarto nupcial, eles que jejuem e rezem.

Sem compreender a resposta do mestre, Andreas e Yaakov se encaminharam a Yerusháyim para cumprir suas recomendações.

As preocupações relacionadas aos romanos ainda atormentavam Yeshua. Naquela tarde, eles e os discípulos conversaram e oraram em louvor ao Senhor, Deus do Universo; pediram proteção para os dias turbulentos que estavam por advir. Por fim, entoaram cânticos e salmodiaram, até que chegou a hora de partirem para a ceia.

Neste momento, cabisbaixo e bastante abatido, Yehudhah ish Qeryoth se aproximou do grupo no horto. Todos se levantaram surpresos, pois acreditavam que ele havia sido capturado pelos soldados romanos. Yeshua foi o primeiro a abraçá-lo e perguntar o que havia ocorrido.

— Que bom que eu encontrei vocês — Yehudhah murmurou — Eu fiquei todos estes dias na casa de um amigo...

— Mas por que não nos avisou? Nós teríamos ido lá para visitá-lo! — Yeshua falou, num misto de repreensão e de conselho paternal.

— Eu estava seriamente machucado, mestre — Yehudhah levantou a túnica e expôs os ferimentos causados pela tortura. De fato, ele nem precisaria ter feito isto, pois sua face já trazia hematomas e feridas, mas, para ele, mostrar o que os romanos haviam feito aumentaria o impacto da sua mentira — Eu fiquei inconsciente por dois dias. Somente hoje eu me senti disposto a caminhar alguns estádios. Vim imediatamente para cá, confirmar se estava tudo bem, mestre. Fico feliz em saber que nada aconteceu a você. — Yehudhah até que tentou simular alegria, mas mentir para o mestre não o deixava numa situação muito confortável.

— Venha cear conosco, Yehudhah! — Yeshua o convidou. No entanto, soava mais como uma ordem.

— Não posso, mestre... — eu prometi que jantaria com este meu amigo que cuidou de mim.

Yeshua franziu o cenho e fitou Yehudhah.

— Yehudhah! Yehudhah! Viemos juntos de Hagalil para passarmos a *Pesach* aqui em Yerusháláyim. Você nos deixará nesta hora tão importante? Se quiser, podemos mandar um mensageiro e convidar este seu amigo para cear conosco também. Como ele se chama?

Yehudhah havia sido pego de surpresa por esta pergunta. Ele se engasgou e falou o primeiro nome que lhe veio à mente.

— Yosef... Yosef ben Mal'akhi.

— Convide então Yosef e sua família para ter conosco.

O traidor estava se enforcando com a própria língua.

— Não, mestre. Ele tem uma família muito numerosa. Não se preocupe, eu estarei com vocês. Mas não prometo ficar até o fim da noite... Ainda quero passar na casa de Yosef para agradecer a hospitalidade. Onde eu poderei encontrá-los após a ceia?

— Nós acamparemos no Monte das Oliveiras — Petros respondeu pelo grupo.

— Acho que está combinado, enfim — Yehudhah suspirou aliviado — Eu ceio com vocês; volto à casa de Yosef e depois os encontrou no Monte das Oliveiras.

Tendo chegado a este acordo, a comitiva de Yeshua se dirigiu à casa de Menashe.

14 DE NISAN, ANO 3790 DO CALENDÁRIO HEBREU
YERUSHALÁYIM, YEHUDA

O anfitrião havia preparado um quarto no segundo andar para a reunião do nazareno. Yaakov e Andreas aguardavam há quase uma hora a chegada do mestre, enquanto isto, jogavam conversa fora com os servos de Menashe. Uma mesa fora disposta em semicírculo e nela havia uma grande abundância de frutas, vegetais, peixes e *matzahs*[16], pois não era lícito comer nem possuir *chametz*[17]. Não havia carne, pois o cordeiro deveria ser imolado na nona hora[18] do dia 14.

Yeshua, os discípulos, Miriam e as esposas dos discípulos se instalaram ao redor da mesa, uns sentados, outros reclinados. Menashe chegou em seguida e também se acomodou para a ceia.

— Mestre, — ele disse — você não sabe como estou contente por tê-lo em minha habitação.

— Nós é que ficamos lisonjeados com o seu convite, Menashe. Estamos sendo bem acolhidos e em excelente companhia.

Todos os presentes concordaram.

A mulher e as filhas de Menashe entraram trazendo uma bacia e um cântaro com água para lavar as mãos dos convidados.

Depois, retiraram-se e retornaram portando jarros com vinho e encheram os copos de todos.Subitamente, Yehudhah ish Qeryoth apareceu na porta da sala, ligeiramente ofegante. Desculpando-se, ele alegou.

---

[16] *Matzah* era o pão sem fermento preparado para lembrar a pressa com a qual os hebreus deixaram o Egito durante o Êxodo, pois era preparado somente com água e farinha.

[17] *Chametz* é o fermento.

[18] O dia hebreu começa ao pôr-do-sol (primeira hora), então a nona hora equivale às três horas da tarde do dia seguinte.

— A casa do meu amigo não é muito perto daqui. Tive de vir correndo.

Os convidados riram, com exceção do próprio Yehudhah, que também tomou o seu lugar e teve o seu copo preenchido com a bebida inebriante.

Uma conversa descontraída brotou naquele grupo, que bebia e comia com fartura. Num certo momento, Yeshua pediu a palavra.

— Estivemos juntos durante muito tempo — ele principiou — Passamos por algumas provações e por momentos difíceis, mas também tivemos momentos alegres e de retribuição por nossos esforços. Nesta noite, somos como uma família. Olho para todos e vejo pessoas que amo como se fossem do meu próprio sangue, da minha própria carne. Nunca esperei, quando o Senhor me enviou para esta árdua missão, que encontraria pessoas tão bondosas e dedicadas. Sou muito afortunado por ter amigos e amigas como vocês. Eu e Miriam partimos de Nasrat sem ter ideia do que nos aconteceria. Assim como eu os enviei para percorrerem o mundo sem alforje e sem dois pares de sandálias, assim eu e minha esposa também fizemos no dia em que deixamos a casa dos meus pais. As raposas têm tocas e as aves do céu, ninhos; mas o filho do homem não tem onde pousar a cabeça. Eis o grande mistério que o pai me revelou. Naquele dia, no Templo, eu ateei fogo à terra e nos cabe aguardar até que o mundo irrompa em chamas. Aquilo que eu lhe disse às escuras e o que vocês ouviram em sussurros, proclamem sobre os telhados. Pois haverá um dia em que não mais estarei aqui para conduzi-los. Neste momento, vocês perceberão que não são ovelhas, mas sim pastores. E vocês devem formar mais pastores até que não reste mais nenhuma ovelha. Porque, ser parte do rebanho, significa também estar na ignorância, longe da verdade. Aquilo que lhes ensinei é o caminho e a vida; por este caminho, pode-se chegar ao Pai.

Então ele tomou do seu copo e bebeu um gole, depois passou para Miriam, que estava ao seu lado.

— Bebam do mesmo copo que eu, porque somos do mesmo sangue.

Cada um que recebia o recipiente nas mãos bebia um pouco do vinho e passava adiante, até que todos o houvessem feito.

Depois, ele partiu um *matzah* ao meio e devolveu metade à pilha. Quebrou um pedaço e comeu e entregou o resto a Miriam.

— Comam do mesmo pão que eu, porque somos a mesma carne.

E o ritual foi repetido tal qual o do vinho.

Yeshua, com uma grande tristeza no coração, segurou as mãos de Miriam entre as suas e fitou, em silêncio, demoradamente cada um dos convivas. Por fim, falou com mansidão.

— Eu amo vocês, meus amigos.

Yehudhah, que estava deslocado por causa das suas intenções, aproveitou o momento para se retirar.

— Já vai, Yehudhah? — Yeshua se dirigiu a ele.

— Eu... Eu... Bem, você sabe, mestre... — Yehudhah titubeou.

— Tudo bem — o mestre deu uma risada — Vá e faça o que deve fazer.

Arredio, Yehudhah deixou rapidamente o recinto e se dirigiu à fortaleza Antônia. No trajeto, ele ainda considerou se esta era a melhor ideia. Ele bem que poderia fugir, assim as autoridades romanas jamais o encontrariam. Por outro lado, ele seria caçado como um criminoso, nunca mais poderia entrar numa cidade governada por Roma, pois teria medo da própria sombra. Mas havia os zelotes, escondidos nas cavernas da Yehuda! Unir-se a eles seria uma maneira de sentir-se protegido. "Se um morre, todos morrem", ao menos é que o se diz por aí. Por outro lado, se ele traísse Yeshua, como ele estava prestes a fazer, ele retomaria uma vida normal; voltaria a ensinar a *Torah* em alguma cidade de Hagalil, constituiria família e esqueceria as sandices do nazareno que o haviam conduzido até tal impasse. Se o Shimeon, o irmão de Yeshua, estivesse certo, agora ele estaria ajudando o mestre a governar Yerushaláyim. Mas Yeshua hesitou, e, por causa desta hesitação, pôs tudo a perder. Ele não era merecedor da fidelidade que Yehudhah esteve disposto a lhe dar.

Logo ele deixou as ruelas escuras e alcançou a fortaleza iluminada por archotes. As sentinelas reconheceram Yehudhah e abriram o portão para que ele entrasse. Tarde demais, Yehudhah. Estou aqui e agora você deve falar.

Mal sabia Yehudhah que o assunto era ele na mesa onde Yeshua e os discípulos ceavam. Yehudhah estava muito estranho e eles não demoraram a levantar suspeitas quanto às intenções dele.

14 DE NISAN, ANO 3790 DO CALENDÁRIO HEBREU
YERUSHALÁYIM, YEHUDA

Estava claro para Yeshua que havia algo de errado no comportamento de Yehudhah ish Qeryoth. Aquela estória de que ele fora acolhido por um amigo não estava bem contada, principalmente porque Shimeon Petros havia visto, no dia do incidente no Templo, Yehudhah sendo capturado pelos legionários. Qualquer hebreu sabia qual era o destino de um insurrecto: morte por crucifixão.

Os romanos haviam sido insuflados por compaixão e libertado Yehudhah sem mais nem menos?

Difícil de acreditar.

Algum motivo maior estava por trás disto e esta razão bem que podia ser a de delatar o líder dos revoltosos, ou seja, entregar o mestre Yeshua. Yehudhah não era nenhum imbecil; ele havia sido educado aos pés dos grandes rabinos de Yerushaláyim e diziam-se até que o pai e o avô eram saduceus que integravam o Sinédrio. O fato é que Yehudhah ouviu pela primeira vez as pregações de Yeshua em Migdal, ele era um dos notáveis jovens que frequentavam a casa do avô de Miriam (a esposa do nazareno) para debaterem a *Torah* e a *Mishnah*. Os ensinamentos do profeta de Hagalil eram agradáveis aos ouvidos de Yehudhah e, em pouco tempo, ele deixou de ir à casa de Yosef, o rabino de Migdal, para seguir o nazareno pela margem do lago Tveryah e ouvir suas parábolas sobre o Reino. Como ter certeza da sinceridade dos propósitos de Yehudhah? Não seria ele um espião a serviço de Caiaphas, ou mesmo de Herodes? Não seria a missão dele acompanhar Yeshua até Yerushaláyim para que os sacerdotes do Templo tivessem uma testemunha das blasfêmias do galileu e pudessem condená-lo ao ostracismo? E o que havia significado aquela sentença de Yeshua durante a ceia: "Haverá um dia em que não estarei mais aqui para conduzi-los"?

O mestre e os discípulos retornaram oprimidos pelo medo. Nenhuma palavra foi pronunciada por aqueles homens e mulheres que subiam ao acampamento no Monte das Oliveiras. Todos sabiam que externar suas inquietações apenas agravaria o clima pesado que pairava sobre os mensageiros do Reino. Yeshua havia ido longe demais e, por esta transgressão, talvez todos tivessem de pagar o seu preço. Se Yehudhah fosse um traidor, ele estaria agindo da maneira mais sensata para os seus critérios. Shimeon Petros, apesar de ressaltar sua fidelidade ao mestre durante a ceia, tinha, interiormente, dúvidas sobre sua convicção. Quando a legião chegar até nós, como eu agirei?

As duas únicas pessoas nas quais Yeshua poderia confiar sem titubear eram sua esposa Miriam e o jovem e raquítico Yohanan, ou seja, os únicos que não teriam força para bradar um sabre e proteger o mestre. No entanto, não era este tipo de apoio que o mestre aguardava; o seu anseio era que, mesmo que ele fosse executado, aqueles que um dia o seguiram continuassem recordando sua mensagem. "O Reino não era algo que está por vir; ele já está no meio dos homens". Se os discípulos se lembrassem disto, a vida de Yeshua já teria sentido; a missão que o Senhor havia lhe dado estaria parcialmente cumprida — Yeshua não teria ateado fogo ao mundo corrupto (como ele havia dito), mas ao menos teria ajuntado a lenha para a fogueira e acendido a primeira fagulha.

Quando alcançaram o local do acampamento, os discípulos, exaustos, se deitaram na relva e se enrolaram em suas túnicas. Yeshua e Miriam se recostaram em uma oliveira e ficaram abraçados por um tempo, mas Miriam adormeceu nos braços do marido. Yeshua, com gentileza, se desvencilhou da mulher que dormia e a estendeu na grama. Por fim, cobriu-a com uma capa. A lua cheia brilhava fulgurante no céu, o suficiente para clarear as copas das árvores e lançar silhuetas no bosque de oliveiras. Adiante, estava Yerushaláyim, agora adormecida, onde apenas os archotes da vigília noturna se moviam. No vale do Cedron, dezenas de peregrinos deixavam a cidade santa para retornarem aos seus abrigos.

Um sussurro violou a contemplação de Yeshua.

— Mestre... Mestre...

O nazareno se voltou e procurou a origem do chamado. Shimeon Petros, Yohanan e Yaakov estavam reclinados logo atrás de Yeshua.

— Não estamos conseguir dormir — Yaakov disse.

— Eu também não — Yeshua sorriu — Venham comigo até aquele horto e vigiemos, para que os nossos corações não sejam oprimidos pelo temor.

Então, os quatro seguiram até um horto conhecido como Gethsemani. Yeshua pediu a eles que se sentassem enquanto ele se afastaria para orar. O galileu encontrou um local aprazível e ali se ajoelhou. Seu coração batia com força, pois ele temia que a hora em que seria preso estivesse próxima. Lembrou-se de Miriam e chorou.

— Pai! — Yeshua murmurou — Pai! Afasta de mim este cálice!

No entanto, não obteve resposta. Há muito tempo que Deus não falava mais com Yeshua. No princípio, o nazareno mal podia dormir por causa dos comandos divinos, mas, ultimamente, ele se sentia muito só e abandonado. Onde está o meu Pai que me obrigou a deixar minha casa em Nasrat e a enfrentar o mundo dizendo coisas sobre um Reino que não existe?

— Pai! — Yeshua repetiu — Afasta de mim este cálice... Ele é amargo demais para mim... Se você sabia que eu não suportaria ir até o fim, por que me escolheu?

E, por não receber resposta, Yeshua suspirou e disse como um filho decepcionado com a decisão dos pais:

— Então que seja a Sua vontade e não a minha a prevalecer!

O nazareno se levantou, enxugou as lágrimas e voltou para onde os três discípulos estavam. Encontrou-os dormindo. Shimeon Petros roncava como um javali selvagem e isto o enfureceu.

— Eu peço para vocês virem vigiar comigo e vocês adormecem! É este o tipo de fidelidade que posso esperar de vocês?

Assustados, os três acordaram e se desculparam.

— Não eram vocês que estavam sem sono? — Yeshua desfez a tensão com um sorriso. Mas, no âmago, o que o mestre queria fazer era chorar por seu triste destino. — É melhor voltarmos para o acampamento — ele concluiu, ajudando os discípulos a se erguerem. Neste momento, ele se lembrou do bode expiatório que ele havia visto em Caesarea Philippi.

14 DE NISAN, ANO 3790 DO CALENDÁRIO HEBREU
YERUSHALÁYIM, YEHUDA

Quando eles chegaram ao local onde os demais repousavam, Yeshua, Yaakov, Petros e Yohanan avistaram uma comitiva que ascendia ao Monte das Oliveiras. Os quatro permaneceram estáticos, assombrados com aquela coluna de tochas e de homens armados. De repente, alguém se destacou do grupo e avançou na direção de Yeshua. Logo, foi possível reconhecer Yehudhah.

Ele ficou a uns três passos de Yeshua e o encarou com tristeza. De seus olhos, escorriam algumas lágrimas, que ele deveria ter escondido dos soldados romanos enquanto os conduzia ao líder dos revoltosos do Templo.

— Desculpe-me, mestre... — Yehudhah falou com timidez — Isto tudo era demais para mim. Eu jamais fui digno de estar entre os seus.

Neste meio tempo, os seguidores espalhados pela relva do monte começaram a despertar e se achegaram ao lado do mestre.

Yeshua lançou um olhar de bondade e de perdão sobre o traidor.

— O que você fez, meu amigo, qualquer um de nós teria feito na sua situação.

Mas Shimeon Petros não conseguiu ter a mesma frieza do nazareno; ele se aproximou a passos largos de Yehudhah e o acusou.

— Seu traidor! Por sua causa nós iremos morrer!

Yeshua tentou apaziguar os ânimos. Puxou Petros pela túnica e tomou o lugar deste diante de Yehudhah. Em seguida, sussurrando, ele ordenou.

— Termine o que você começou, Yehudhah. Saiba que eu o perdoo.

Então, Yehudhah, chorando entre soluços, segurou nos braços de Yeshua e beijou sua face.

— Meu mestre! — ele murmurou.

Ao ver o sinal combinado — o beijo —, o centurião ordenou que os legionários se precipitassem sobre os insurrectos. Bradando seus gládios e lanças, eles subiram o monte e se atracaram com os discípulos do nazareno. Como poucos portavam armas, a luta foi extremamente desigual. As mulheres, crianças e velhos se refugiaram no bosque de oliveiras, em direção a Beth anya, onde poderiam se abrigar na casa de El'azar.

Shimeon, o irmão do mestre, sacou seu sabre e desferiu um golpe contra um dos soldados, decepando a orelha deste. Por outro lado, os romanos afligiam grandes perdas aos discípulos, tendo subjugado mais de meia dúzia naquele ínterim.

Yeshua, humilhado pelo rumo que a situação havia tomado, abriu os braços e emitiu um urro de dor. Ninguém havia compreendido sua mensagem de paz e de amor. "Amem seus inimigos como a si próprio", ele havia lhes dito, mas agora a única linguagem que eles entendiam era a da violência. Ele correu para junto do irmão e, arrebatando-lhe a arma das mãos, repreendeu-o.

— Acaso você não sabe, meu irmão, que quem mata pela espada, por ela também morrerá!

— Não há morte mais digna, Yeshua. Você foi covarde no Templo, agora esta é nossa única alternativa.

— O ódio nunca deveria ser uma alternativa... — Yeshua estava esmagado pela decepção.

— Eu pensei que você fosse digno o bastante para que eu morresse por você — Shimeon falou com aspereza.

Yeshua empurrou o irmão.

— Fuja, Shimeon. Basta que uma pessoa somente morra nesta noite...

Então ele se voltou e se entregou para que os romanos o levassem preso.

A.D. VII Id. Apr. DCCLXXXIII A.U.C
Yerushaláyim, Yehuda

Seria uma visão bastante humanista imaginar que Yeshua foi conduzi-do civilizadamente até o pretório, onde ele seria julgado. No entanto, o nazareno e os demais cativos, entre eles Yehudhah ish Qeryoth (ludi-briado pelas autoridades com a promessa de ser libertado após entregar o mestre), foram empurrados ladeira abaixo pelos soldados, chutados, pisoteados, feridos pelas lanças dos legionários, arrastados pelos cabelos e, aqueles que sucumbiam às crueldades do jugo romano e não conse-guiam se levantar após uma traiçoeira estocada de gládio nas costas, eram degolados na estrada mesmo, sem julgamento nem clemência. O único que deveria chegar ao pretório vivo — isto não significava, contudo, intac-to — era Yeshua, o líder dos revoltosos. O destino dele já estava traçado e serviria de exemplo a todos que cogitassem um dia se levantar contra o punho de ferro do Império.

Prudentemente, já que Yeshua havia arrastado uma massa considerá-vel de pessoas atrás de si, os legionários evitaram entrar na adormecida Yerushaláyim e contornaram, ao norte, as muralhas, passando ao largo da piscina de Bethesda. Era naquela região que um destacamento militar estava acampado, servindo de reforço às guarnições de Yerushaláyim. Outras divi-sões aguardavam mais ao norte, prontas para serem mobilizadas a qualquer sinal de levante.

Yeshua e seus seguidores foram introduzidos no pátio da fortaleza Antônia, onde foram cercados pelos soldados com armas em riste. Como uma mati-lha de chacais, eles atacaram os prisioneiros, espancando-os e levando mais de um à morte. Como súditos fiéis, os seguidores formaram um círculo de proteção em torno de Yeshua, ato que, se não evitou que ele se ferisse, ao menos evitou que algum golpe mais violento causasse o fim do profeta que os havia ensinado a amar o próximo.

Um centurião apareceu e ficou admirando a violência infligida por seus subalternos aos revoltosos. A iluminação era esparsa, por isto, era difícil distinguir o rosto daqueles que apanhavam.

— Basta! — o centurião ordenou em latim — Não queremos que o líder deles sucumba — Então, se aproximando, ele fez uma pergunta em latim.

O intérprete, o pavoroso intérprete que interrogara Yehudhah dias antes, traduziu.

— Quem é Yeshua?

Com sua peculiar humildade, Yeshua se levantou no meio daqueles homens lacerados pela agressão. Seu rosto e mãos também traziam marcas da violência. Ele se levantou, mas não falou coisa alguma.

— Tragam-no até mim — o centurião ordenou, ainda em latim.

Dois soldados se adiantaram e, arrastando Yeshua pelos braços, o conduziram até uma espécie de estábulo, onde provavelmente se daria o seu julgamento. A verdade é que dificilmente um centurião perturbaria o dia do procurador Pilatos por causa de um mero camponês de Hagalil. O incidente no Templo fora um acontecimento menor, sem gravidade. A punição do galileu serviria apenas para aplacar qualquer esperança dos corações dos judeus por uma revolução. A cada dia que passava, mais e mais bandidos eram executados, mas uma oportunidade como esta, no dia da festa mais importante dos judeus, seria suficiente para eles perceberem quem mandava de verdade.

— Você é aquele a quem chamam de o rei dos judeus? — o centurião perguntou de costas para o profeta, em seguida, lançou um olhar para o intérprete. Na verdade, este era um gesto mentiroso, um gesto de superioridade, porque o centurião falava com fluência grego e poderia ter se comunicado diretamente com o prisioneiro, mas isto o aproximaria demais dele, talvez convencendo-o de que eles fossem semelhantes. Obviamente, uma besteira, já que os cidadãos romanos eram infinitamente superiores àqueles malditos palestinos.

— Você é o Rei dos Judeus? — o intérprete perguntou com um risinho nos lábios.

Yeshua, que estava sentado lateralmente no chão, fitou, primeiro, os dois soldados que o haviam escoltado, depois o intérprete, mas nada respondeu.

O centurião, enfurecido pelo silêncio do galileu, se virou e, apontando para ele o dedo, afirmou.

— Seu silêncio não me convencerá. Sabemos quem você é! Levem-no para o cárcere. Quando raiar o dia, solicitaremos a ordem de execução a Pilatos.

14 DE NISAN, ANO 3790 DO CALENDÁRIO HEBREU
BETH ANYA, YEHUDA

As mãos de Miriam tremiam de pavor. Quando os soldados chegaram no Monte das Oliveiras, ela correu o máximo que conseguiu, assim como todos os discípulos. Ela deve ter se afastado quatro ou cinco estádios do acampamento até tombar exausta. Ela mal conseguia enxergar, pois seus olhos estavam embebidos de lágrimas. Foi inundada pela vergonha de ter deixado seu marido para morrer. De trás de uma oliveira, Miriam ouviu um sussurro, chamando-a. Era Yohanan que a havia seguido para poder protegê-la. Claro que diante daquela situação, todos estavam impotentes, porém, o mínimo que poderiam fazer era velar um pelo outro. Os dois ficaram alguns momentos calados, emudecidos pelo pavor. Algo precisava ser feito, mas o quê?

Miriam, que ainda não havia se recomposto do susto, tentou se acalmar. Sentou-se sobre as raízes de uma árvore e escondeu a cabeça entre os joelhos. Chorava.

— Yohanan — ela falou com a voz trêmula — Vá até a casa do meu irmão e conte o que aconteceu. Veja o que ele pode fazer.

— Aonde você vai? — o rosto juvenil de Yohanan estava desfigurado pelo medo.

— Irei atrás de Yeshua para ver o que farão com elc.

— Não deixarei você sozinha.

— Obedeça-me, Yohanan. É muito importante que Shimeon seja comunicado sobre o incidente. Não temos tempo a perder.

Hesitante, Yohanan se pôs a caminho de Beth anya. Várias vezes ele se voltou para ver onde estava Miriam, mas ela não se movia da posição na qual ele a havia deixado. Contudo, ela estava certa, era preciso que Shimeon fosse informado. Ele era um homem prudente e saberia a quem contatar para salvar Yeshua.

Subitamente, Miriam se pôs de pé e enxugou com o manto as lágrimas. Com a mesma rapidez com que ela havia fugido do acampamento, agora ela voltava para lá. Assim como uma gazela saltitante num prado, Miriam corria pelo bosque de oliveiras, saltando raízes, desviando de troncos, esquivando-se de ramos sob os feixes prateados da luz da lua.

Os pulmões de Petros pareciam que iriam estourar. Ele se desequilibrou e rolou aclive abaixo. Ele olhou à sua volta, mas não conseguiu se localizar. Talvez estivesse do outro lado do monte, no entanto, era difícil ter certeza. Ele se ajoelhou e se lamuriou. Como ele pôde deixar que o mestre fosse capturado. Justamente ele, que sempre se vangloriava de ser o mais fiel dos discípulos? A alma de Petros estava despedaçada. Na luta que se deu no acampamento, ele viu sucumbir vários amigos de Kephar Nachûm, o irmão do seu cunhado e até um homem que ele curara em Beth-tsaida. Se Yeshua não fosse executado por Roma, como ele poderia olhar nos seus olhos novamente? Sim, ele sabia que Yeshua perdoaria quaisquer faltas, mas onde ele encontraria em si próprio o perdão? De certo modo, Yeshua havia precipitado este fim. Ele provocara as autoridades; ele tentara incitar uma rebelião. Nenhum dos discípulos havia sido informado das intenções do mestre e, depois de tudo ter acontecido, ninguém estava satisfeito com as consequências. O que Yeshua esperava de nós? Éramos apenas pescadores do mar de Hagalil, não guerreiros. Não podíamos protegê-lo, simplesmente porque não poderíamos proteger a nós mesmos. Como um bando de esfomeados e de miseráveis poderia enfrentar com igualdade a potência imperial de Roma? A loucura deveria ter consumido o juízo de Yeshua quando ele pensou que teria forças para tanto. Ou teria ele outro plano que os discípulos também não estavam à par?

De fato, todos estes pensamentos eram uma arma para Petros esquecer a vergonha de ter abandonado o mestre à própria sorte. Entretanto, ele não fora o único a fazer isto. Ele só fugira quando todos já haviam debandado. Afinal de contas, ele não poderia vencer um destacamento de soldados sozinho!

Shimeon Petros apanhou um punhado de terra e o esfregou nas roupas e no rosto. Depois bateu em seu próprio peito, clamando.

— Mestre! Mestre! Desculpe-me!

Yohanan mergulhou porta adentro da casa de El'azar e se estatelou no chão da sala. Marta se adiantou para socorrê-lo, enquanto El'azar, ao ver o desespero do jovem, foi apanhar um copo de água.

— O que aconteceu, Yohanan?

No entanto, ele estava sem fôlego. El'azar lhe entregou a água, que Yohanan sorveu num gole só.

— Yeshua... Yeshua... — ele grasnou.

— O que tem Yeshua, homem? — El'azar perguntou agoniado.

— Ele foi preso! Pelos romanos.

Marta se afastou horrorizada. El'azar tapou a face com as mãos; devia estar chorando.

Shimeon, o irmão do mestre, também havia se encaminhado para Beth anya. Mas as pessoas a quem ele procurava eram outras. De caverna em caverna, ele foi chamando pelos zelotes que haviam sobrevivido ao massacre perpetrado pelos romanos nos dias anteriores. Conseguiu encontrar somente uns vinte deles e, reunindo-os num dos esconderijos, lhes dirigiu as seguintes exortações.

— Irmãos, Yeshua, o nazareno, foi capturado hoje. Agora os romanos têm dois pilares nas mãos — Bar-Abbas, líder zelote, e Yeshua, líder religioso. Não podemos nos enganar quanto ao destino dos dois. Creio que, neste momento, mais do que nunca, eles quererão nos dar um exemplo de como eles tratam os inimigos do império. Melhor oportunidade eles não terão. Crucificar dois líderes dos judeus seria um feito grandioso para dissuadir o povo de se erguer contra Roma. Precisamos agir, antes que seja tarde demais.

Mas os zelotes discordavam.

— Eles jamais os crucificariam no dia da *Pesach*. Há muita gente em Yerushaláyim, isto poderia ser o motivo que faltava para começar uma rebelião.

— Não, Shimeon está certo. Não podemos perder Bar-Abbas desta maneira. Quanto a Yeshua, ele não nos diz respeito.

Shimeon pousou um olhar amargurado sobre quem havia dito isto.

— Yeshua é meu irmão e eu sei que o que ele tem feito em Hagalil e, ultimamente na Yehuda, é com o intuito de libertar o povo de Yisra'el. Dizem que ele é o *Mashiach*.

— E você, o que acha? — alguém perguntou.

— Não sei. Nem me importo se ele é ou não o rei profetizado. O mais importante é que o povo acredita nisto. Yeshua é manipulável; basta que ele comece a revolução, para que nós assumamos o controle depois.

O debate perdurou por horas. No entanto, poucos foram os que se dispuseram a tentar libertar os cativos e, mesmo estes, tinham plena consciência de que isto era impossível.

14 DE NISAN, ANO 3790 DO CALENDÁRIO HEBREU
YERUSHALÁYIM, YEHUDA

Miriam seguiu, a uma distância segura, o cortejo que conduzia os criminosos à fortaleza Antônia. Ela viu quando eles entraram e os portões foram cerrados atrás deles. O desespero tomou, então, conta da magdalena. Ela se deixou cair à beira da estrada e pranteou. Alguns peregrinos que estavam acampados ali perto vieram e a acolheram, perguntando o que havia acontecido.

— Meu marido foi capturado pelos soldados — ela desabafou.

— O que ele fez? — os peregrinos perguntaram um tanto temerosos, pois se envolver com bandidos nunca era uma boa ideia.

— Ele falou de Deus — Miriam chorava.

— E desde quando isto é crime? — uma mulher perguntou.

— Eu não sei. Eu não sei — Miriam repetia, enquanto arrancava os cabelos como uma histérica.

— Deve ser algum mal-entendido, minha filha — um ancião comentou — Deixe-me que irei falar com as sentinelas. Talvez elas possam ajudar.

O senhor se afastou em direção ao portão. Trocou algumas palavras com os guardas e retornou cabisbaixo. Depois falou para os peregrinos.

— É melhor deixarmos esta mulher em paz. O marido dela é um bandido e zelote.

Como se Miriam fosse uma leprosa, todos deram um salto para trás. Alguém cuspiu nela e pode-se ouvir um clamor: "É por causa de homens como o seu marido que os romanos invadem nossas casas e nos matam".

Humilhada, Miriam não ousou erguer os olhos. Percebendo que dali ela nada conseguiria, decidiu que iria ter com seu tio, que era homem influente e de boa índole, bem relacionado tanto com os altos sacerdotes do Templo quanto com os aristocratas imperiais. Ele morava na cidade alta e não era muito longe de onde ela estava. Mas se algo acontecesse neste meio tempo, como ela saberia se Yeshua ainda estava na fortaleza? Ela resolveu esperar para ver se alguém conhecido aparecia.

À medida que Miriam foi se aquietando, ela começou a sentir o frio que fazia naquela noite. A preocupação a consumia; no entanto, tudo o que ela podia fazer era esperar. Talvez seu irmão surgisse com alguma alternativa, com alguma boa ideia. Será que Yohanan havia conseguido chegar em Beth anya à salvo? Tudo podia acontecer naquela noite. E se os soldados romanos soubessem que a casa de Shimeon era uma espécie de centro de operações de Yeshua em Beth anya? Nestas horas, até El'azar e Marta poderiam estar presos.

Miriam sentiu um toque no seu ombro. Rapidamente, ela se voltou e identificou Yaakov. Ela deu um forte abraço nele.

— O que eles estão fazendo com ele? — Yaakov indagou.

— Eles podem estar fazendo qualquer coisa com ele. Não temos como saber. Você me faz um favor?

Yaakov aquiesceu.

— Fique aqui. Irei até a casa do meu tio para ver como ele pode nos ajudar.

Sem aguardar resposta, Miriam se lançou em direção à cidade alta. Corria pelas ruas de Yerushaláyim como se fosse uma ladra fugindo da guarda e não seria estranho se algum vigia noturno a prendesse sob a acusação de roubo. Felizmente, nada disto ocorreu e ela chegou sem contratempos à casa de Yosef.

Ela parou diante da porta da casa e gritou pelo nome do tio. Esperava que algum dos servos acordasse e abrisse a porta para ela. Um criado, bocejando e com olhos vermelhos, atendeu aos chamados e encontrou a desesperada Miriam. Imediatamente, foi despertar o amo. Conduziu Miriam ao interior da casa e a acomodou numa sala, enquanto Yosef se vestia. Com cara de poucos amigos, o rabino surgiu e cumprimentou a sobrinha, indagando-lhe, em seguida, as razões para aquela visita em horário tão inoportuno.

— Eles prenderam Yeshua! — ela exclamou — Ele está na Antônia!

Os temores de Yosef se confirmaram. Era tolice pensar que os romanos deixariam o ato de Yeshua no Templo impune. Eles tinham uma eficiente malha de espiões, além de métodos "persuasivos" para extrair informações de prisioneiros.

— Mais alguém foi preso? — Yosef dissimulou seu nervosismo sob uma máscara de frieza.

— Muita gente, tio! Vários foram mortos, outros presos!

— Quem mais além de você conseguiu escapar?

— Eu não sei... Eu mandei Yohanan ir a Beth anya para chamar Shimeon. Encontrei Yaakov na fortaleza, ele ficou lá.

— Mais alguém? — Yosef se acocorou diante da sobrinha.

— Não sei. É possível que outros também tenham fugido.

Yosef segurou Miriam com firmeza e lhe ordenou.

— Fique aqui. Não é seguro ficar perambulando por estas ruas. Se capturaram Yeshua, pode ser que eles venham atrás de você também. Atrás de todos os discípulos.

— Não posso deixá-lo lá para morrer, tio! Não ficarei aqui!

— Ouça o conselho de alguém mais experiente que você, Miriam. Deixe que eu cuido das coisas.

— Eu não vim aqui para receber ordens, tio. Eu só quero saber o que você pode fazer...

— Irei procurar alguns amigos, tentar marcar uma entrevista com Pilatos. Talvez consigamos evitar o pior. Espero que Yeshua não tenha de morrer para aplacar a sede de sangue de Roma. Mas fique aqui, por favor — Yosef falou com doçura. Desta vez, Miriam concordou.

— Já volto — Yosef vestiu uma capa para se proteger do frio da noite e saiu. Miriam ficou fitando a porta por alguns instantes, em seguida, também saiu rumo a Antônia.

A.D. VII Id. Apr. DCCLXXXIII a.u.c
Yerushaláyim, Yehuda

O nazareno e os demais prisioneiros foram arrastados, ainda sobre uma chuva de agressões, até as celas subterrâneas. A impressão que eles tiveram era a de que ingressavam em cavernas, já que a prisão era escavada na rocha.

Yehudhah ficou numa das celas opostas à da de Yeshua e, para ele, era constrangedor ter de olhar para o mestre a quem havia traído. Mas Yeshua se antecipou e quebrou o clima desconfortável.

— Não se preocupe, Yehudhah. Tudo ocorrerá como o Pai estipulou. Saiba que a sua ação não foi causada por sua vontade, mas pela do Pai, que tudo sabe e tudo vê.

— Eu não queria que as coisas acontecessem deste modo, mestre. Mas se você houvesse conduzido aquele exército que reunimos no Templo, nós teríamos facilmente controlado Yerushaláyim e instigado as outras cidades a se rebelarem.

Yeshua se sentou na cama de pedra, que era na verdade uma extensão da parede, e falou com tristeza.

— Os judeus aprenderão mais com minha morte do que se eu fosse rei.

Então ele se lembrou de uma história que alguns discípulos gregos lhe haviam contado, sobre um filósofo ateniense que fora acusado injustamente de corromper a juventude e que, mesmo sendo inocente e tendo lhe sido oferecido a fuga por vários de seus discípulos, este filósofo decidiu, passivamente, aguardar a morte que lhe havia sido outorgada pelos sábios da cidade. Sócrates era o seu nome e a sua memória ainda vivia no meio dos helenos.

— Talvez, Yehudhah, minha morte sirva para um bem maior... — ele falou, motivado por esta lembrança.

Os outros prisioneiros, no entanto, não estavam dispostos a morrer sem luta.

— Petros e os outros virão nos libertar, mestre — eles diziam — Se eles correrem, eles conseguem reunir mais de mil pessoas dispostas a salvar o *Mashiach*.

— O seu irmão Shimeon foi do bando de Bar-Abbas, os zelotes não se negariam a enfrentar as legiões romanas.

— Primeiro, Hoshea... — Yeshua retrucou pausadamente — Eu não sou o *Mashiach*. Em segundo lugar, os zelotes sabem que não compartilho dos seus ideais; muito pelo contrário, eu os abomino. Não será pelas armas que libertaremos o povo de Yisra'el da dominação, mas pelo amor. Enquanto as pessoas não compreenderem esta verdade, as crucifixões jamais deixarão de apavorar os varões da Palestina. Agora, deixem-me em silêncio, pois desejo orar a meu Pai.

O nazareno se ajoelhou sobre o chão frio e duro e entregou seus pesares ao Senhor.

Meu Pai, não me deixe vacilar nesta hora vital. Os olhos de todo o mundo se voltam sobre mim, acusando-me de bandido. Tudo o que fiz foi sob o Seu comando. Não desobedeci a nenhuma ordem; não questionei nenhum dos Seus pedidos. Não me abandone neste momento de angústia, porque em Você eu depositei minha confiança. Se eu tiver de morrer nesta tarde, que seja com o coração limpo e de cabeça erguida; se Você houver planejado um destino diferente para mim, que o mundo reconheça a Sua glória.

Meu Pai, meu Senhor, cuide de Miriam. Proteja-a dos meus inimigos, que eu criei por falar sobre Você e sobre Seu infinito amor pelo filho do homem. Os romanos me acusam de ser Rei dos Judeus... mas eu sou o menor dos homens. Eu sou o escravo; sou o jumentinho de carga; sou a mulher carregando o cântaro d'água; sou a poeira nas sandálias do peregrino. Nasci por Sua vontade; por Sua vontade eu parto desta vida. Perdoe Yehudhah, o medo cega as pessoas. Perdoe os romanos, pois tudo que sobe, um dia desce. Perdoe os corações endurecidos dos judeus, que se fecharam para sua mensagem e me apontaram nas ruas como blasfemador e mentiroso, eles não percebem que o caminho até Você é curto e simples. Basta amar, nada mais. Perdoe-me, por me sentir aquém da missão que Você me deu. Neste momento eu compreendo por que Você não escolheu um guerreiro ou um rei para propagar o Reino... Eles não se sujeitariam a morrer em silêncio, como o cordeiro que vai para o abate. Somente um homem fraco como eu aceitaria tais condições. "A minha força reside na minha fraqueza", Você me disse um dia, e hoje percebo como é preciso ser forte para o que hei de sofrer.

Quando três soldados desceram até o calabouço, Yeshua e os seus souberam que a hora derradeira estar por vir.

A.D. VII Id. Apr. DCCLXXXIII a.u.c
Yerusháláyim, Yehuda

Eles foram conduzidos ao pátio interno do quartel, onde vários soldados se exercitavam ou se dirigiam a uma das saídas para a ronda matutina. O sol se erguia por detrás do Monte das Oliveiras e o ouro e o mármore do Templo resplandeciam.

Yeshua pôde ver, por sobre a muralha do quartel, o topo da morada do Senhor e seu coração se apertou. Ao enfrentar aquele monstro da opulência humana, pois o Senhor não precisava de Templos físicos para ser adorado pelo o filho do homem, Yeshua se condenou. Enquanto sua missão se resumisse em palavras, ele nada tinha a temer. Mas o ato de violência contra o comércio no Templo era simbólico e grande demais para passar despercebido.

Os romanos compreenderam somente o gesto de rebelião, mas os anciãos do Sinédrio deveriam ter notado que o que Yeshua fizera fora uma negação do próprio Templo. Por isto, o nazareno não podia esperar nenhuma intercessão dos sábios hebreus junto à administração romana. Certamente, eles teriam poder para isto, já que o sumo-sacerdote e os seus partidários mantinham "cordiais" relações com os procuradores romanos. Na verdade, os sumo-sacerdotes eram indicados diretamente pela administração invasora. No fundo, eles atendiam aos interesses do Império e, muitas vezes, eles serviam de espiões para os procuradores. Tal era a relação de intimidade que as vestes cerimoniais do sumo-sacerdote eram guardadas numa das torres do pretório. Neste sentido, Yeshua não podia esperar ajuda alguma deles, mas justamente o contrário, os sacerdotes poderiam servir como testemunhas contra Yeshua caso os romanos delas necessitassem.

Os legionários acorrentaram os pés dos prisioneiros, excetuando Yeshua que foi apartado do grupo e levado até um banco de madeira, onde os soldados ordenaram que ele se sentasse. Um deles, com fortes traços macedônios, falou em grego.

— Desculpe-nos, não sabíamos que havíamos prendido um rei.

Os três colegas riram da brincadeira do macedônio, que continuou.

— Traremos roupas adequadas para um nobre como você — e, desabotoando sua capa, colocou-a sobre os ombros do galileu — Mas ainda falta um cetro e uma coroa.

Motivado por uma cruel ideia, um dos soldados correu até um espinheiro e, com seus ramos espinhosos, ele teceu uma coroa e a colocou sobre a cabeça de Yeshua, que emitiu um murmuro quando ela foi pressionada contra seu couro cabeludo, perfurando-o. Rapidamente, veios de sangue escorreram pelo rosto dele, gotejando da barba no seu corpo. Outro legionário veio e trouxe um bastão de madeira e o colocou nas mãos de Yeshua. O nazareno suportava tudo isto em silêncio, sob os olhares arrasados dos seus discípulos acorrentados no centro do pátio.

Então, os soldados, motivados pela patética figura diante deles, arrancaram o "cetro" das mãos de Yeshua e o espancaram, esbofeteando-o e chutando-o.

O centurião, encarregado da execução dos prisioneiros, apareceu no pátio e, vendo as agressões contra o cativo, ordenou que eles parassem. Apontando para um tronco, disse-lhes em latim.

— Se querem punir o galileu, açoitem-no. Pois é por causa de gestos como os que vocês acabaram de realizar que, cada vez mais, os hebreus nos querem expulsar daqui. Devemos aplicar a lei, não humilhar nossos inimigos.

Sem qualquer sinal de arrependimento, os quatros soldados conduziram Yeshua até o pelourinho. Dois deles apanharam os *flagrum*[19] e tomaram distância para o flagelo. Os outros dois despiram Yeshua das suas vestes reais e o ataram ao tronco. Nu, o nazareno respirou profundamente, preparando-se para o primeiro açoite, que veio rápido, sibilando no ar, e atingindo suas costas. Os golpes se seguiram interminavelmente, lacerando a pele das costas, ombros, nádegas e coxas do nazareno. Yeshua lutava para manter a consciência, pois a dor era quase insuportável; ele podia sentir a sua pele sendo arrancada pelo *flagrum* e suas pernas fraquejavam a cada investida. Os seguidores de Yeshua evitavam olhar para a terrível cena, pois a impotência diante da opressiva força romana lhes era esmagadora. O centurião observava de longe, não queria interferir com a diversão dos soldados, que eram tão mal recebidos pelo povo da Yehuda que raramente podiam sair às ruas sozinhos com medo de que assassinos os espreitassem em alguma viela. Os únicos divertimentos para os soldados estacionados em Yerushaláyim eram as meretrizes, os jogos de azar e torturar prisioneiros. Mas, vendo que a constituição física do nazareno não aguentaria mais, ele instruiu.

— Liberem o galileu. Não queremos que ele morra no pelourinho. Só estamos aguardando a ordem escrita do procurador para crucificá-lo.

Um dos mensageiros de Pilatos chegou do palácio de Herodes, trazendo na mão uma tabuleta com a inscrição *ibis in crucem*.

O centurião dirigiu-se novamente aos soldados que agora retiravam Yeshua do tronco.

— Pronto! Aqui está a nossa permissão!

---

[19] O *flagrum* era um chicote curto de couro com pequenas bolas de chumbo e/ou osso nas pontas.

14 DE NISAN, ANO 3790 DO CALENDÁRIO HEBREU
YERUSHALÁYIM, YEHUDA

Miriam tratou de retornar ao pretório, onde Yaakov aguardava apreensivo.

— Boas novas, Miriam? — ele perguntou, ao vê-la se aproximando.

— Ainda não. Meu tio tentará nos ajudar. Mas não sei ainda o que ele pode fazer.

Yaakov olhou para leste e viu os tons de azul que indicavam que, em breve, o sol estaria para nascer.

— Não temos muito tempo até que Yeshua seja punido. Quando o dia raiar, eles o crucificarão.

— Como você pode ter esta certeza, Yaakov? — Miriam perguntou.

Yaakov enxugou uma lágrima que escorria pela maçã do rosto.

— Muitos foram mortos por menos. A nossa preocupação agora não deve ser como evitar que Yeshua seja morto, mas como mantê-lo vivo, caso ele seja crucificado.

— Do que você está falando? — a esposa de Yeshua estava se esforçando para compreender as intenções de Yaakov, mas suas sentenças eram por demais enigmáticas.

— Procurarei os terapeutas[20]. Se Yeshua sobreviver, eles podem salvá-lo.

Na verdade, não seria difícil encontrá-los em Yerushaláyim, já que havia um bairro onde uma grande parcela deles habitava, tanto que tal região era

---

[20] Outro modo como os essênios eram conhecidos, por causa da fama que tinham como curandeiros e médicos.

conhecida como bairro essênio. Além disto, Yaakov havia conhecido vários essênios hierosolomitas quando da sua estada no monastério próximo ao Mar Morto. Quando Yohanan, o Batista, deixou o monastério para pregar no Hayarden, alguns decidiram segui-lo. Se Yeshua fosse realmente o *Mashiach*, como Yohanan profetizara, eles não hesitariam em ajudá-lo.

Enquanto Yaakov se entrincheirava entre os pobres casebres da cidade baixa, os primeiros raios de sol despontaram sobre a cidade santa. Já havia alguma movimentação escassa nas ruas. No entanto, quase nenhum hebreu naquela cidade estava preocupado com aquele camponês de Hagalil, pois hoje era o dia da *Pesach*, e eles celebrariam o dia em que foram libertados do cativeiro, graças ao Senhor, Deus do Universo.

Nas cavernas de Beth anya, os zelotes terminaram de deliberar e chegaram à seguinte conclusão.

— Yeshua não só não compartilhava dos mesmos ideais que nós, como também condenava os nossos atos. Bar-Abbas foi um grande líder da revolução, mas, como tudo neste mundo, quando um homem tomba, outro se levanta. Não nos sacrificaremos como mártires. Somos guerreiros e não estamos dispostos a nos suicidar por causa de um suposto *Maschiach*. Além disto, as profecias são claras que quando o grande rei vier para reinar sobre os hebreus, ele virá coroado de glórias. Sabemos como é pesaroso perder um colega de luta, mas o preço que pagaríamos seria alto demais. Com os corações oprimidos, veremos mais estas vítimas deste Império cruento, mas o nosso dia está por vir. Talvez não seja hoje, nem amanhã, porém, teremos a nossa vitória.

Desolado, Shimeon deixou o esconderijo. Não sabia para onde ir nem o que fazer. Poderia ir até a casa de El'azar, podia retornar à Yerushaláyim e ver o que estaria acontecendo com seu irmão, ou podia simplesmente retornar à Hagalil e trabalhar na carpintaria do seu pai. A irresolução pousou sobre ele e lhe atava os movimentos. Sem muita convicção, tomou a estrada que conduzia à Yerusháláyim.

— Maldita! — um grito ensurdecedor alcançou os ouvidos da esposa de Yeshua, que despertou de um cochilo causado pela exaustão. Ela abriu os olhos e viu uma mão vindo em direção ao seu rosto, estapeando-a.

— Maldita! — Miriam, a mãe de Yeshua estava fora de si — Se você fosse uma mulher digna, meu filho não estaria nesta situação!

Os peregrinos, os mesmos que haviam conversado com a magdalena anteriormente, vieram e apartaram as duas mulheres.

O que a mãe do nazareno havia ouvido no acampamento era demais para uma mãe suportar. Dizia-se que um bandido de Hagalil havia vindo a Yerusháláyim para proclamar blasfêmias e, num destes dias, iniciou uma rebelião no Templo, causando a morte de muitos. Não que Miriam houvesse deduzido disto que era o seu filho, mas, quando disseram que ele era um tal de Yeshua, milagreiro em Kephar Nachûm e possuído por demônios, ela não teve dúvida que era do seu rebento que falavam. Bastou ver Miriam, a esposa, adormecida nas proximidades do pretório, para ter certeza absoluta.

Miriam, a mãe, sabia que as coisas, cedo ou tarde, acabariam nisto. Se não fosse em Yerusháláyim, seria na Hagalil mesmo, pois Antipas já estava mandando soldados para procurar por Yeshua nas principais cidades margeando o mar de Hagalil. Não era uma surpresa, mas, mesmo assim, não deixava de ser desesperador. Além disto, ela e a nora não se davam bem. Nada convencia a sogra de que a nora não era alguma espécie de prostituta; nem após conhecer a família da moça tal pensamento se diluiu da mente de Miriam.

Miriam, a esposa de Yeshua, desorientada pelos tabefes que havia levado, não sabia nem por onde começar a contar a história para a sogra, que não parecia estar muito disposta a sentar-se e conversar. Os peregrinos ainda a seguravam, até que, por fim, a magdalena falou.

— Miriam, agir deste modo não nos ajudará.

A chegada de Yohanan foi salutar. Ele viu o confronto e ordenou que os peregrinos soltassem a mãe do nazareno. Depois, conversou a sós com ela.

— Ninguém é culpado aqui, Miriam. Isto tudo é um equívoco. Estamos tentando resolver este erro.

De certo, modo, isto acalmou a mãe. Depois, Yohanan abraçou Miriam, a esposa, e contou o que havia conversado com El'azar. Pois, enquanto conferenciava com ele, um mensageiro enviado por Yosef, o tio deles, o chamava para ir até a casa de Nakdimon. De lá, eles resolveriam o que fazer.

— Mas ele não lhe falou nada? — Miriam perguntou agoniada.

— Eu acho que eles tentarão persuadir Pilatos.

— Mas como? — nisto os portões da fortaleza se abriram, trazendo para fora os condenados à morte.

A.D. VII Id. Apr. DCCLXXXIII A.U.C
Yerushaláyim, Yehuda

O *exactor mortis*[21] ordenou aos soldados que atassem os patíbulos aos braços de cada um dos condenados à morte. Ao todo, oitos hebreus seriam crucificados naquela manhã (Bar-Abbas inclusive), sete pelo crime de sedição, mas Yeshua, por ser o líder, deveria ter seu crime identificado de maneira diversa. O centurião, enquanto escrevia, em latim e em grego, nas plaquetas a causa da morte dos criminosos, ponderava sobre qual deveria constar na do nazareno. Após terminar a sétima plaqueta, ele as entregou ao intérprete para que ele inserisse em aramaico o respectivo crime.

Vendo como Yeshua estava vestido (os soldados haviam retornado as vestes "reais" ao galileu após o açoitamento), ele perguntou aos soldados.

— O que isto significa?

Rindo, eles responderam.

— Acaso não é ele o rei dos judeus? Ele está vestido com as roupas de um rei.

O centurião pôs a mão sobre o queixo, num gesto pensativo. Por fim, apanhou a derradeira plaqueta e escreveu.

REX IUDAEORUM
Ο ΒΑΣΙΛΕΥΣ ΤΩΝ ΙΟΥΔΑΙΩΝ

E a estendeu ao intérprete. Este arregalou os olhos e soltou uma risada.

— Do que está rindo? — o centurião questionou.

O intérprete imediatamente se recompôs, dizendo.

[21] O centurião encarregado de executar os prisioneiros.

— Mas ele não é o rei dos judeus.

— Se ele foi condenado a morrer nesta data, é porque alguém acreditou que ele fosse. Não interessa a Roma que haja outro rei além de Tiberius.

A contragosto, o intérprete acrescentou o correspondente aramaico na plaqueta de Yeshua. Os soldados dependuraram-nas nos pescoços daqueles que estavam condenados à morte, em seguida, amarraram-nos pelos pés. Yeshua ia à frente, para que fosse exposto ao escárnio público. Depois, o centurião chamou três soldados e mandou que escoltassem Yehudhah até fora da cidade, para que nenhum dos discípulos viesse e o assassinasse como traidor.

Cavaleiros se uniram ao grupo, prontos para rechaçarem qualquer tentativa de libertarem os prisioneiros. Os portões da fortaleza se abriram e Yeshua foi empurrado para as ruas de Yerushaláyim. Os condenados caminhavam titubeantes, oprimidos pelo peso do patíbulo e desequilibrados pelas amarras nos pés. As pessoas nas ruas, na maioria mendigos e desocupados, se aglomeraram em torno dos bandidos para os escarnecerem. Alguns fariseus observavam de longe, piedosos quanto ao destino daqueles coitados. Miriam, a esposa de Yeshua, abria caminho com dificuldade por entre a turba. No fundo, ela sabia que a pior das punições estaria reservada ao seu marido, mas bem que ela tentou se convencer de que os romanos talvez se satisfizessem com alguns açoites. No entanto, a realidade era mais cruel do que ela gostaria que fosse.

Exausto pelo flagelo e pela noite sem dormir, Yeshua perdeu as forças e tombou, caindo de joelhos. O peso do patíbulo o fez se curvar para o seu lado esquerdo. A violência da queda lacerou a rótula do joelho. Um grande esforço foi necessário para que ele se levantasse, enquanto os soldados o incitavam sob ameaças de chicotadas. O estrago na perna de Yeshua foi tamanho que bastou ele dar dez passos que fraquejou novamente, prostrando-o mais uma vez contra o chão rígido. Desta vez, o centurião teve de vir e erguê-lo, e da patela escorria sangue em abundância. Lentamente, o cortejo prosseguiu rumo ao local da execução. Vez ou outra alguém do grupo sucumbia ao cansaço e ia de encontro ao solo. Os soldados, impacientes, deixaram de lado a pouca clemência que possuíam e passaram a açoitar quem atrasasse a comitiva.

Eles levaram pouco mais de quarenta minutos para percorrerem a distância entre a fortaleza Antônia e o Gólgota. Lá, aguardavam os mercenários contratados para cumprir a tarefa mais cruenta. Eles conversavam animadamente, balançado as pequenas marretas que traziam nas mãos, e nos alforjes que portavam repousavam os cravos que transpassariam as carnes dos bandidos. No local da caveira, como era conhecido o Gólgota, estavam erguidos os *stipes*, os madeiros verticais onde os patíbulos trazidos pelos condenados seriam encaixados. *Stipes* adicionais haviam sido acrescentados para cobrir a demanda daquela manhã, somando um total de vinte e quatro madeiros, já que para cada cruz eram necessários três.

Sem dizer nada, os mercenários derrubaram os prisioneiros de costas e passaram à mórbida tarefa de pregá-los no patíbulo. Bar-Abbas foi o primeiro, e os seus gritos por clemência rasgaram as colinas de Yerushaláyim. Ao longe, peregrinos que se dirigiam à cidade observavam a execução. Yeshua correu os olhos à sua volta e avistou Miriam de Migdal; ao lado dela estavam sua mãe e seu discípulo Yohanan. Uma multidão que havia seguido o cortejo dos condenados clamava por sangue e, quando o primeiro cravo atravessou o pulso de Bar-Abbas, um urro de contentamento se ergueu da turba, mesclando-se ao de dor do zelote. Um a um, os prisioneiros foram sendo pregados e suspendidos nos *stipes*, servindo de alvo para o escárnio público e de exemplo da justiça romana.

Yeshua foi o último a ser agarrado pelos mercenários. Três deles se postaram em torno do nazareno, dois nos braços e um nos pés, e o imobilizaram. Um deles retirou do alforje um cravo e, com um rápido e certeiro golpe, o atravessou no pulso direito de Yeshua. O segundo golpe serviu para cravá-lo na madeira. Yeshua emitiu um lamento seco, dos seus olhos escorriam lágrimas amargas. O outro mercenário também aprontou a marreta e o prego, mas algo de errado ocorreu, porque o cravo se desviou e acertou o osso, falhando em atravessar o pulso. Com crueldade, o mercenário arrancou, puxando para os lados, o prego e o preparou para uma nova investida. Desta vez, ele foi bem-sucedido e conseguiu pregar o galileu no patíbulo.

Outros executores passaram duas cordas pelas argolas nas extremidades do patíbulo e, sob o comando do centurião, suspenderam Yeshua contra o *stipes*. Os braços dele se retesaram e, por breves instantes, Yeshua não conseguiu respirar. No entanto, quando o assentaram sobre a *sedicula*[22], o peso do corpo foi aliviado. Os mercenários dobraram lateralmente, então, as pernas de Yeshua e transpassaram os dois calcanhares com um cravo apenas, prendendo-os no madeiro vertical. Não resistindo a esta dor atroz, Yeshua soltou um grito de desespero, que fez com que Miriam, sua esposa, desabasse num pranto inconsolável. Exausto, o nazareno moveu sua cabeça para os lados e avistou os seus companheiros, também suspensos em cruzes, e percebeu, pela primeira vez, o quão longe sua missão o tinha levado. Há pouco mais de dois anos, ele tentava levar a vida de um humilde carpinteiro na vila de Nasrat, mas, agora, ele estava suspenso diante de Yerushaláyim, à vista de todos os justos da cidade santa, servindo de exemplo por um ato de rebeldia contra o Templo e contra a frágil administração romana. Será que os meus companheiros compreendem a grandeza do nosso ato?

Estamos servindo de exemplo para o mundo... Morremos para que as pessoas vivam. Yeshua fez um esforço descomunal para erguer o torso e deixar

---

[22] A *sedicula* era uma espécie de assento do *stipes*.

o ar entrar. A garganta estava seca e a posição incômoda das pernas já causava cãibras. "Quantas horas serei capaz de suportar esta agonia?", Yeshua se questionou, pois sabia de histórias de crucificados que sobreviviam por dois dias ou mais antes de sucumbirem.

14 de Nisan, ano 3790 do calendário hebreu
Yerushaláyim, Yehuda

Por volta da sétima hora, um criado anunciou que Pilatos os receberia. Yosef de Ramtha, Nakdimon e Shimeon, também chamado de El'azar, entraram na ala do palácio de Herodes onde Pilatos se hospedava. Foram conduzidos por amplos salões até um triclínio onde, aparentemente, Pilatos fazia a sesta, reclinado num confortável divã.

Yosef pigarreou, tanto como uma preparação para discursar quanto como uma tentativa para atrair a atenção do procurador. O criado se acercou do romano e cochichou no ouvido dele, o que fez com que este abrisse os olhos e procurasse pelos inesperados visitantes.

— Pensei que hoje fosse uma data importante para vocês. Qual é a razão para realizarem tal ilustre visitação? — Pilatos bocejou com desdém. Ele não estava com muita disposição para rodeios, pois, sempre que terminava uma refeição, uma boa soneca era essencial.

— Você capturou um homem inocente — Yosef, que também não queria nenhum circunlóquio, disse.

— Cuidado com as palavras, rabino — Pilatos apontou o dedo para Yosef — Roma vê e ouve tudo. Não queira que ela pense que você a esteja acusando de injusta.

— Desculpe-me — Yosef simulou arrependimento — Não foi minha intenção acusar a sua administração de punir injustamente indivíduos. Somente vim para informar-lhe que um parente meu está sendo castigado por crimes cometidos por outrem.

— Possui provas? — Pilatos sentou-se no divã.

— Tampouco Roma possui provas de que ele é culpado — Yosef retrucou.

Taciturno, Pilatos convocou seu criado e sussurrou alguma ordem para ele. Rapidamente, ele se retirou e voltou trazendo um pergaminho enrolado. O procurador desenrolou o documento e o leu.

— Sim. De fato, temos alguns criminosos sendo executados nesta data. Que coincidência magnífica, não acham? Meia dúzia de revoltosos hebreus dependurados na data em que vocês celebram a libertação! Não será um excelente exemplo para este povinho que só dá dores-de-cabeça ao Império? — Pilatos soltou uma gargalhada.

— Mas, como eu disse... — Yosef interveio.

— Sim! Sim! O seu parente é inocente! Sei... — Pilatos passou a mão pelo rosto liso, de barba recém feita — Como ele se chama?

— Yeshua, nascido em Nasrat, filho de Yosef, homem bom e humilde; carpinteiro.

A expressão do procurador mudou. O bom humor desapareceu e o olhar se tornou frio e distante.

— Pelo visto, ele veio exercer a carpintaria de outros modos aqui em Yerushaláyim. Será que quebrar bancas de mercadores faz parte da atividade dele? Podem ir, receio que não posso ajudar vocês — Pilatos enrolou o pergaminho e o estendeu ao servo; então, apanhou um cacho de uvas e lançou uma atrás da outra na boca.

Entretanto, nenhum dos três hebreus arredou o pé do salão. Nakdimon se adiantou e tomou a palavra.

— Desculpe-me, procurador. Ouça a nossa proposta antes de nos dispensar.

Pilatos lançou um olhar gélido sobre Nakdimon.

— Creio que vocês perderem o seu tempo vindo até aqui, meus caros. O que vocês me pedem é impossível de ser feito. O seu parente, rabino, é simplesmente o líder de um levante ocorrido em Yerushaláyim. Nem se eu quisesse (e não quero!) poderia libertá-lo. Vocês são uma raça indócil! Se não forem tomadas medidas enérgicas, nunca compreenderão quem são os verdadeiros senhores desta terra. Nós somos seus governantes; Roma é sua mãe! Agora, saiam da minha frente! — Pilatos se levantou furioso e deu um forte murro contra a mesa diante dele.

Nakdimon recuou assustado. Yosef baixou os olhos e se preparou para deixar o recinto. El'azar, no entanto, retirou a bolsa que trazia na cintura e segurando-a, solicitou.

— Ao menos não deixe que ele apodreça na cruz, nobre procurador. Dê-lhe uma sepultura quando morrer.

Pilatos se acalmou.

— A conversa está se tornando mais plausível, meus caros. Deixa a bolsa aí na mesa. Eu providenciarei para que ele seja sepultado.

— Podemos enterrá-lo no túmulo da família? — Yosef indagou sem muita convicção.

— Não abusem da minha boa-fé, abutres! Saiam imediatamente daqui, se-não vocês se reunirão com seu parente!

Os três deixaram, abatidos, o palácio e se encaminharam, primeiro, à casa de Yosef, onde supostamente Miriam deveria estar e, ao constatar que ela não havia obedecido às ordens do tio, tomaram o rumo do Gólgota, local usual das crucificações. Yeshua já devia estar crucificado a um bom tempo pelas contas de Yosef. Talvez servisse de algum conforto à esposa e aos amigos saber que ao menos Yeshua não seria devorado pelos abutres e cães.

14 de Nisan, ano 3790 do calendário hebreu
Yerusháláyim, Yehuda

Yehudhah ish Qeryoth foi conduzido para fora de Yerushaláyim pelos soldados romanos. Subindo em direção ao norte, eles se afastaram da cidade, até que chegaram a um local deserto.

O traidor se voltou e encarou aqueles que o haviam escoltado.

— Obrigado — ele murmurou o agradecimento, já se distanciando deles.

— Espere! — o guarda de mais alta patente ordenou em grego. Tal comando fez com que o sangue de Yehudhah gelasse e o seu coração acelerou. Imediatamente, ele começou a transpirar. O hebreu estacou.

— Sim?

— O centurião nos ordenou que déssemos esta bolsa com dinheiro, como forma de agradecimento — o soldado pôs a mão sobre uma bolsinha de couro que estava atada ao seu cinturão.

Aliviado, Yehudhah abriu um sorriso.

— Muito obrigado. Mas não será necessário! Vocês podem ficar com ela.

— Temos ordens e iremos cumpri-las — o soldado reiterou.

Um tanto constrangido por estar recebendo um pagamento pelo sangue do mestre, ele se aproximou, dizendo.

— Se vocês insistem.

O guarda desatou a bolsa da cintura e a entregou a Yehudhah. Neste momento, os três soldados cravaram seus gládios no corpo do traidor.

Yehudhah caiu estrebuchando no chão. Um dos soldados se abaixou e tirou das mãos do traidor a bolsa com dinheiro. Em seguida, todos escarraram sobre ele.

Em meio a dores atrozes, com suas vísceras espalhadas e com a morte rodeando a sua alma, Yehudhah se lembrou de todos aqueles dias insanos que passara. A traição, a ceia com Yeshua, as torturas no cárcere, a insurreição no Templo, a "ressurreição" de Shimeon, a vinda para Yerushaláyim, a missão na Hagalil, ele na casa de Yosef em Migdal, a escola rabínica, seu pai, sua mãe, sua infância, seus primeiros passos, o choro que dera indicando que havia nascido.

Um pastor que passava por aquelas bandas viu o corpo estendido no solo. Cauteloso, se aproximou e cutucou o cadáver com seu cajado, assegurando-se de que aquele homem estava realmente morto. Observou com cuidado as feições dele e os seus trajes. Olhou à sua volta, certificando-se de que ninguém o estava espreitando, depois desatou as sandálias do morto e se afastou tão rápido quanto havia chegado, deixando o resto como repasto das aves de rapina.

14 DE NISAN, ANO 3790 DO CALENDÁRIO HEBREU
YERUSHALÁYIM, YEHUDA

No Gólgota, os gritos de dor dos crucificados unidos aos lamentos das mulheres formavam um macabro coral que ressoava pela colina. À Miriam de Migdal e à mãe de Yeshua se uniram Shlomit, Marta e outras seguidoras do nazareno. El'azar, Yosef de Ramtha e Nakdimon também haviam chegado. Yohanan consolava a magdalena.

Deus não havia sido bondoso com Yeshua, Miriam refletia. Que espécie de pai é este que envia o filho para a morte? Afinal, Yeshua havia falado da misericórdia divina, tanto que até perguntara ao povo: "Que pai, tendo o filho pedido pão, dará uma cobra a ele?" Não foi isto que o Senhor fez com o pobre esposo de Miriam? Não teria Ele dado uma cobra ao invés de pão?

— Malditos! — ela gritou para os mercenários romanos que vigiavam as cruzes.

— Calma, Miriam — Yohanan acarinhou os cabelos dela.

É claro que havia paralelos bíblicos. Deus havia pedido a Abraham que sacrificasse seu primogênito como oferenda. No último instante, porém, um anjo deteve a mão de Abraham. Cadê a mão do anjo para tirar Yeshua da cruz?

Yosef abraçou a sobrinha e disse-lhe.

— O Senhor possui caminhos misteriosos.

— Eu não quero mistérios, tio. Quero Yeshua de volta.

— Você sabe que isto é impossível.

— Não, não é impossível.

Yosef fitou Miriam, assustado.

— Ele está comigo, tio. Dentro de mim. A semente dele cresce e será a minha lembrança do homem maravilhoso que ele é e foi.

— Ah, minha filha. Como deve estar a sua cabeça nestas horas? Que grande segredo você carrega. Prometa-me uma coisa.

Miriam concordou.

— Não conte a ninguém isto que me acabou de me revelar. Não será bom que as pessoas saibam que o homem, que ali está crucificado como "rei dos judeus", esteja deixando um herdeiro. Pois filhos de reis, reis serão. Entende-me?

Sim, Miriam compreendia. O filho dela também seria um herdeiro do Reino que Yeshua pregara. Pois ele estava aberto a todos e, agora que seu marido estava morrendo, era ela quem deveria propagar a mensagem. Deus falaria com ela como falava com Yeshua? Seria bom que não, ao menos ela também não seria entregue nas mãos dos inimigos do Senhor. Mas de que valia a vida sem seu amor? O herdeiro! O herdeiro do Reino lhe daria forças para continuar. Havia sido por causa desta promessa que ela fugira do Monte das Oliveiras, ao invés de ficar ao lado do seu amado.

Yeshua, na cruz, não estava nada bem. As moscas rodeavam seu corpo, algumas entravam na boca do condenado, nos ouvidos. Os membros estavam arroxeados e o rosto, pálido.

A.D. VII Id. Apr. DCCLXXXIII A.U.C
Yerushaláyim, Yehuda

Espasmos tomaram conta do corpo do nazareno.

— Ele está morrendo — Yohanan constatou.

— Façam alguma coisa! — a esposa de Yeshua se desesperou — Por que ninguém não faz nada?

Então, Miriam segurou nos braços de Yohanan e, chacoalhando-o, perguntava:

— Onde estão Petros e os outros para salvarem meu marido? Onde estão os irmãos de Yeshua?

Desorientado, Yohanan murmurava:

— Eu não sei, Miriam. Eu não sei onde eles estão.

Na cruz, Yeshua ergueu a cabeça e fitou, com um olhar vazio, a cidade santa. Seus braços e pernas estavam roxos e o peito tremia por não conseguir respirar. Pelas coxas do galileu escorriam urina e fezes. Cães se aproximaram de Yeshua e dos demais crucificados para lamberem o sangue que deles escorria. No céu, aves de rapina se preparavam para um grande banquete. Um cheiro de morte pairava no ar, enquanto em Ycrushaláyim se erguia o odor agradabilíssimo ao Senhor dos holocaustos no altar. Era a nona hora do dia e o sol brilhava com força, o que somente piorava o suplício dos condenados. Um cão começou a morder os pés do nazareno, mas os soldados o repeliram.

Yeshua deixou a sua cabeça pender para o lado e, se não fossem pelas crises espasmódicas que dominavam todo seu corpo, diriam que ele havia morrido. Então, com forças que ninguém suspeitava que ele ainda possuísse, Yeshua gritou com uma voz hesitante e rouca.

— Meu Deus! Meu Deus! Por que me abandonaste?

E, ao terminar este desabafo, a vida deixou o flagelado corpo do nazareno.

Dois soldados se entreolharam descrentes. O centurião se aproximou do cadáver e, coçando o queixo, indagou.

— Mas já morreu? — e, apontando para um cavaleiro, ordenou que ele confirmasse o falecimento. Este, empunhando sua *hasta*[23], cavalgou até bem perto da cruz e desferiu um golpe no flanco direito de Yeshua. Do ferimento escorreu sangue e líquido pleural.

O centurião apanhou o *crurifragium*[24] e, rindo, comentou com os soldados.

— Não está certo que o Rei morra antes dos súditos — e, com um golpe violento, destroçou as tíbias e as fíbulas, quase na altura dos joelhos de um dos crucificados. O grito de dor foi sufocado pela asfixia, já que, com as pernas quebradas, o crucificado não tinha forças para suspender o corpo e inspirar. Os outros legionários, estimulados pelo gesto do comandante, também apanharam seus bastões e quebraram as pernas dos crucificados um a um.

O terrível espetáculo havia terminado. A única serventia dos oito cadáveres dependurado no Gólgota era de repasto para os animais carniceiros. A uma certa distância, os poucos amigos de Yeshua e dos seus seguidores que tiveram coragem de se exporem à luz do dia pranteavam pelos seus mortos. Os peregrinos, após o término da execução, voltaram aos seus afazeres normais, enquanto os soldados romanos permaneceram em seus postos, zelando pelos corpos para que ninguém tentasse reclamá-los.

---

[23] Lança longa usada pelos soldados romanos.

[24] Bastão de madeira usado para quebrar as pernas dos crucificados a fim de lhes acelerar a morte.

15 DE NISAN, ANO 3790 DO CALENDÁRIO HEBREU
YERUSHALÁYIM, YEHUDA

— Não! — o desespero de Miriam se expressou nesta única palavra. Os amigos tentavam apaziguá-la, mas ela se debatia no chão, rasgando as próprias vestes e puxando os cabelos.

Os familiares dos outros condenados também colaboravam com sua cota de pesar, tanto que o Gólgota era um mar de lamentações. Mulheres e crianças chorando e gritando. Alguns peregrinos ainda observavam, ao longe, chocados com o terrível espetáculo que os oitos crucificados proporcionavam. Não se podia acusar de ineficientes os métodos romanos de intimidação. Uma criança que visse aquela cena jamais se esqueceria de quão desoladora ela era. Os adultos, por sua vez, eram obrigados a encarar sua impotência diante do Império e forçados a aceitar o jugo pesado e vexatório que lhes era imposto. Mas, as maiores vítimas não eram os crucificados, pois estes já haviam recebido as suas penas e agora descansavam com seus pais; as maiores vítimas eram os órfãos e as viúvas: os primeiros, porque seriam apontados como filhos de bandidos, as segundas, porque teriam de viver da caridade alheia e morar em casa de parentes. Seriam estas viúvas que transmitiriam aos seus filhos o ódio que elas mesmas nutriam contra os romanos. E, estes, por sua vez, quando adultos, se voltariam contra o Império que lhes havia retirado o genitor. Um ciclo interminável de ódio que ninguém mais sabia onde havia começado, tampouco se um dia terminaria.

Yaakov chegou nesta hora imprópria. Yeshua jazia morto na cruz e Miriam jazia desconsolada no chão. A notícia que ele trazia também não era das melhores — mesmo se Yeshua houvesse sobrevivido, os essênios não o ajudariam, pois não ficariam impuros durante a *Pesach*, além de que não violariam a santidade do *Shabat*.

— Miriam, é melhor irmos para casa — Yosef sugeriu à sua sobrinha.

— Não. Eu esperarei para ver onde eles o sepultarão — Miriam respondeu.

Yosef puxou Miriam até si e disse com seriedade.

— De que isto adiantaria, Miriam? Fizemos tudo o que podíamos, vamos para casa descansar. É melhor que você não veja onde ele está, porque, do modo como os romanos são insensíveis... É melhor que não saibamos.

Deste modo, ele arrastou Miriam para longe do corpo do marido. Os discípulos e a mãe do nazareno também foram para casa de Yosef, pois não tinham para onde retornar àquela hora.

Os primeiros abutres pousaram sobre os braços das cruzes e seus grasnidos ecoaram pelo Gólgota.

O sol se punha no ocidente.

O dia santo dos hebreus começava.

finis operis

Apêndice

Calendários

Judaico

O calendário judaico consiste em doze meses, cada um com 29 ou 30 dias. Um ano regular tem, portanto, 354 dias e é, aproximadamente, 11 dias mais curtos do que o ano solar. Por isso, um oitavo mês extra ("intercalar") é adicionado num ciclo de noventa anos. Este sistema foi adotado do calendário babilônico.

Um calendário introduzido em 360 E.C. pelo patriarca Hillel II, constava de 383 dias, possuindo um segundo mês Adar a cada determinado intervalo de anos. Nos primeiros séculos, a intercalação era provavelmente irregular, mas é improvável que isto tenha causado grandes discrepâncias entre o calendário oficial e o calendário solar. Além disto, havia muitas festividades religiosas que eram relacionadas a fenômenos naturais (por exemplo: a oferenda dos primeiros frutos de cevada em 16 de Nisan), e as autoridades responsáveis pela intercalação tinham de levar em conta tais festividades.

A seita essênia em Qumran possuía outro calendário que foi desenvolvido para assegurar que a Páscoa nunca ocorresse num Shabat.

Os judeus têm dois modos para se contar os meses. No calendário religioso, Nisan é o primeiro mês; no calendário civil, o Ano Novo é celebrado em primeiro de Tishrei.

Nos primeiros séculos da Era comum, os judeus distinguiam cinco estações: colheita, estação quente, semeadura, inverno e estação fria.

Calendário judaico

Religioso	Civil	Mês	Calendário Juliano	Festividades	Fenômenos naturais
1	7	**Nisan** 30 dias	março abril	14. Páscoa (*Pesach*) 16. 1ᵒˢ frutos da cevada	Precipitação das últimas chuvas da primavera Maturação da cevada
2	8	**Iyyar** 29 dias	abril maio	14. segunda Páscoa (*Pesach*)	Colheita da cevada Maturação do trigo
3	9	**Sivan** 30 dias	maio junho	6. Festa das Semanas (*Shavuot*) Primeiros frutos do trigo	Colheita do trigo Início do verão (nenhuma chuva até setembro)
4	10	**Tamuz** 29 dias	junho julho		Aumento do calor
5	11	**Av** 30 dias	julho agosto		Seca; calor intenso
6	12	**Elul** 29 dias	agosto setembro		Vindima Colheita geral da uva
7	1	**Tishrei** 30 dias	setembro outubro	1. Ano Novo (*Rosh Hashana*); Festa das Trombetas 10. Dia do Perdão (*Yom Kippur*) 15-23. Festa dos Tabernáculos (*Sukkot*) Primeiros frutos do vinho e do óleo	Primeiras chuvas Aragem e semeadura
8	2	**Cheshvan** 29 dias	outubro/ novembro		Chuvas contínuas Semeadura do trigo e da cevada Vindima na Hagalil
9	3	**Kislev** 30 dias	novembro/ dezembro	25. Festa das Luzes (*Chanukah*)	Início do inverno. Neve nas montanhas
10	4	**Tevet** 29 dias	dezembro/ janeiro		O mês mais frio; granizo, neve.
11	5	**Sh'vat** 30 dias	janeiro/ fevereiro		O clima se torna mais quente
12	6	**Adar** 29 dias	fevereiro/ março	14. Festa de Purim (*Purim*)	Trovões e granizo frequentes Florescência das amendoeiras

Romano

Antigamente, os romanos indicavam os anos através do nome dos dois cônsules que governavam anualmente, e este sistema permaneceu durante muito tempo, mesmo após o uso de outras maneiras para se indicar os anos. Posteriormente, eles começaram a contar os anos a partir da fundação da cidade de Roma. Não há um consenso quanto a esta data, mas o escritor romano Marcus Terentius Varro fixou a data como aquela que nós chamaríamos como 753 a.E.C. e esta é a utilizada aqui. Os romanos usavam as letras a.c.u. depois destas datas (em latim *ab urbe condita* - a partir da fundação da cidade)

O ponto de partida do nosso próprio calendário não é mais certo do que o dos romanos. Nós contamos nossos anos a partir da data suposta do nascimento de Jesus de Nazaré. As letras AD depois das datas significam *Anno Domini* - ano do Senhor. Esta frase foi usada, pela primeira vez, por um monge chamado Dionísio Exiguus no ano de 531. Mas Dionísio calculou erroneamente a data do nascimento de Yeshua - estudiosos calculam que ela ocorreu aproximadamente três anos antes, por volta do ano 4 a.E.C e não 1 a.E.C.

No tempo de Dionísio, o Império Romano do Ocidente estava chegando ao fim, portanto, qualquer expressão romana de datas usando o nascimento de Jesus não é uma forma romana correta. Estranhamente, o uso mais frequente dos numerais romanos é justamente para fornecer o ano AD.

Há um movimento para substituir as letras AD para a designação do ponto inicial do nosso calendário. O significado delas, "ano do Senhor", pode ser ofensivo para outras religiões, nas quais o Senhor, caso elas possuam um, nasceu em datas diferentes. AD pode ser escrita, hoje em dia, E.C., uma abreviatura de Era Comum; e a.C. — ou seja, antes de Cristo — pode ser escrito a.E.C.

A duração do ano foi corretamente determinada por astrônomos em diferentes partes do mundo muito antes do Império Romano. Mas foi somente em 46 a.E.C (708 a.u.c.) que o imperador Júlio César introduziu uma reforma do calendário para reconhecer que um ano dura exatamente 365,25 dias.

Originalmente, os romanos tinham dez meses, de 30 ou 31 dias, por ano. O período do inverno não possuía, aparentemente, meses formais e o ano começava na primavera com março quando o inverno terminava e as colheitas eram plantadas. O ano de dez meses ainda está presente nos nomes dos nossos meses – setembro, outubro, novembro e dezembro -, os quais se originaram das palavras latinas que designam os números sete, oito, nove e dez.

Por volta de 715 a.E.C., o calendário com doze meses, baseado nas fases da Lua, foi introduzido. A duração entre a lua nova e a próxima é, em média, de 29,5 dias; portanto, um ano lunar com doze meses dura 354 dias, mas um dia extra foi acrescentado, porque números pares eram considerados de má sorte. Os doze meses tinham entre 28 e 31 dias cada para que um ano durasse 355 dias. Fevereiro era o mês mais curto com 28 dias e, a cada outro ano, um mês inteiro – chamado *Mercedonius*, que alternava entre 22 dias e 23 dias – era incluído depois do vigésimo terceiro dia de fevereiro para tentar manter o calendário em concordância com o ano solar, com 365 dias. No fim do *Mercedonius*, os cinco dias restantes de fevereiro prosseguiam, ou seja, o dia 24 de fevereiro vinha depois de *Mercedonius*. Mas esta aritmética não funcionava com perfeição – este sistema gera um ano com duração média de 366,25 dias – e o calendário se diferenciava lentamente das estações cada vez mais. A inserção de um período extra para corrigir o calendário é conhecida como intercalação.

A situação se tornou pior, principalmente porque o calendário não era um documento disponível ao público. Ele era guardado por sacerdotes, cujos trabalhos era fazê-lo funcionar e determinar as datas dos feriados religiosos, das festividades, e os dias nos quais os negócios podiam ou não ser conduzidos. Por causa tanto do descuido quanto do abuso, as intercalações não eram feitas de acordo com as regras infalíveis que haviam sido instituídas. Na época em que Gaius Julius Caesar assumiu o poder, em meados de 40 a.E.C., o calendário estava um caos e ele decidiu realizar uma grande reforma. Para tanto, ele convocou o astrônomo egípcio Sosígenes para aconselhá-lo. Como resultado, o ano lunar foi abolido em favor do ano solar, o qual tinha duração de 365,25 dias, e um total de 90 dias extras foi adicionado ao ano de 46 a.E.C para se equiparar com as estações e fixar o equinócio da primavera em 25 de março. César também decretou que o ano vindouro começaria com janeiro. Assim, o primeiro dia de janeiro do quarto ano do governo de César, anteriormente conhecido como 709 a.u.c. ou como nós chamaríamos 45 a.E.C., foi o princípio da era moderna do calendário.

Entretanto, há ainda uma controvérsia sobre se os meses foram estipulados como na forma atual naquela época ou não. Estudiosos contemporâneos sugerem que o calendário introduzido por Julius era, em essência, como a forma atual com fevereiro tendo 28 dias (29 em anos intercalados) e que os outros meses foram determinados com a duração que hoje eles possuem. No começo do século XX, pensava-se que janeiro tinha 31 dias e que meses curtos e longos se alternavam, fazendo com que *Sextilis* (atualmente chamado agosto), outubro e dezembro fossem meses com 30 dias e setembro e novembro meses longos com 31. Fevereiro possuía 29 dias para completar o ano de 365, mas a cada quatro anos ele tinha 30, assim adicionando aquele um quarto de ano requerido para manter o calendário afinado com a órbita terrestre ao redor do Sol. Mas, hoje, há evidências de que isto está errado. Uma indicação é que, no ano de intercalação, um dia extra era incluído depois do dia 23 de fevereiro, fazendo com que o mês tivesse, de fato, dois dias 24. E o nome para isto na época romana implica que fevereiro tinha 28 dias.

Durante o período de dois anos que se seguiu o início destas reformas, Júlio César foi morto, assassinado nas escadarias do Senado em Roma em 15 de março de 44 a.E.C. (710 a.u.c.). Para honrá-lo, o Senado decretou que o sétimo mês, chamado *Quintilis*, deveria ser renomeado para Julius. Mas César faleceu antes que ele pudesse ver suas reformas funcionando e antes que o primeiro ano de intercalação (este não era um termo utilizado pelos romanos) ocorresse em 41 a.E.C. (713 a.u.c). E talvez seja por isto, por não haver ninguém para corrigi-los, que os sacerdotes ou Pontífices, os quais supostamente deveriam gerenciar o calendário, mal compreenderam o decreto de César e adicionaram um dia extra a fevereiro a cada três anos, ao invés de a cada quatro. Os romanos contavam inclusivamente, assim a cada quatro anos significava 1 2 3 4 5 6 7 8 9 10. Como resultado, o primeiro ano de intercalação ocorreu em 42 a.E.C., ao invés de 41 e eles carregaram este erro a cada três anos até 9 a.E.C. É estranho que suas instruções tenham sido mal compreendidas, pois havia sido ele pessoalmente quem elegeu o corpo dos Pontífices, duas décadas antes do seu assassinato.

Este erro passou desapercebido até por volta de 9 a.E.C., quando o sucessor de Julius como Imperador – seu sobrinho-neto, comumente conhecido como César Augusto – convocou novas mudanças. O erro dos Pontífices passou sem ser notado durante 36 anos, como consequência, 12 dias extras foram adicionados, ao invés de 9. Para corrigir isto, Augusto ordenou a suspensão do ano de intercalação até que o calendário estivesse de acordo com o movimento da Terra. Em 8 a.E.C, o Senado também decidiu honrar o Imperador ao renomear o mês *Sextilis* para *Augustus*. No passado, acreditava-se que as durações dos meses foram mudadas, naquela época, para a forma atual. Sob esta perspectiva, *Sextilis* tinha 30 dias e o argumento é que *Augustus* não poderia ter menos dias do que *Julius*, por isto ele foi aumentado para 31 dias. Isto acarretou três meses com 31 dias em sucessão, pois se acreditava que setembro também tinha

31 dias antes das reformas efetuavas por Júlio César. Assim, setembro e novembro foram encurtados para 30 dias, enquanto outubro e dezembro foram aumentados para 31 dias. Só que isto resultou em muitos dias ao ano, por isto, fevereiro voltou a ter sua duração tradicional de 28 dias para compensar. Mas, hoje em dia, esta teoria foi derrubada e se pensa que a duração dos meses sempre esteve de acordo com a forma atual desde que Júlio César instaurou a reforma, portanto, agosto já era um mês com 31 dias e nenhuma mudança posterior foi necessária quando Augusto foi homenageado. Na verdade, esta foi apenas uma pequena homenagem, já que depois da sua morte, em 14 E.C., o Senado proclamou-o um deus. Mas o que se pode afirmar com certeza é que, desde 8 a.E.C., há doze meses com o mesmo número de dias do que os de hoje.

JANUARIUS, FEBRUARIUS, MARTIUS, APRILIS, MAIUS, JUNIUS, JULIUS, AUGUSTUS, SEPTEMBER, OCTOBER, NOVEMBER, DECEMBER.

ou como era mais comum entre os romanos,

IANVARIVS, FEBRVARIVS, MARTIVS, APRILIS, MAIVS, IVNIVS, IVLIVS, AVGVSTVS, SEPTEMBER, OCTOBER, NOVEMBER, DECEMBER.

Para colocar o calendário em dia, Augusto decretou que o primeiro ano de intercalação, após sua reforma, deveria se em 8 E.C. e que eles deveriam ocorrer, daquele momento em diante, a cada quatro anos. E assim ocorreu. O calendário permaneceu intocável por mais de um milênio e meio e, excetuando-se alguns ajustes menores que começaram a ser introduzidos em 1582, ele permanece basicamente o mesmo até hoje.

Enquanto, atualmente, conta-se os dias dos meses a partir do começo, por exemplo, do primeiro dia de abril até terminar com o trigésimo, os romanos contavam os meses de trás para frente. E não apenas à partir do fim do mês, mas também a partir do primeiro quarto do mês, do meio do mês, e, finalmente, a partir do primeiro dia do próximo mês. Assim, o mês que, hoje, se chamaria 20 de janeiro, os romanos chamariam de o décimo terceiro dia antes de primeiro de fevereiro. Esta conta só funciona com a contagem inclusiva, ou seja, contar cada dia a partir de 20 de janeiro até 1 primeiro de fevereiro, inclusive.

Este sistema remete-se ao antigo calendário romano baseado nas fases da lua. O início do mês deveria ser anunciado pelo sacerdote que primeiro houvesse visto a reluzente aura no disco negro da Lua Nova. Ele aclamaria – *calare* em Latim – e esta é a origem da palavra latina para o primeiro dia do mês, as *Kalendae* ou as Calendas. A próxima fase da lua, o primeiro quarto, quando há exatamente metade do disco, era chamada de *Nonae* (conhecido como Nonas, hoje) e a lua cheia era conhecida como I*des*. Até o sétimo século a.E.C. estas divisões foram formalizadas. As *Kalendae* eram sempre o primeiro dia do mês. As I*des* eram fixadas como o décimo quinto dia de um mês com 31 dias ou o décimo terceiro para os outros. O período descendente do I*des* era fixado em oito dias, portanto, a *Nonae* tinha de ser o quinto dia de um mês curto, ou o sétimo dia de um mês longo. Naquele tempo, apenas quatro meses – *Martius, Maius, Quintilis* (*Julius*), e *October* tinham 31 dias. O restante tinha 28 ou 29. E estas datas fixadas foram perpetuadas por Júlio César quando ele converteu o calendário, mesmo após a inclusão de outros meses com 31 dias. Elas também permaneceram nesta forma após as alterações menores efetuadas por Augusto.

Os dias possuíam uma referência muito antes da criação das *Kalendae*, das *Nonae*, ou das I*des*. Assim, o dia 13 de março era chamado

ante diem tertium idus Martias ,

o que quer dizer literalmente

antes dia terceiro I*des* de março

ou o terceiro dia antes das I*des* de março, no décimo quinto dia. Os romanos contavam inclusivamente, assim, a contagem 13, 14, 15, têm três dias.

No dia propriamente dito, eles simplesmente diriam: I*des* de março ou calendas de maio. E eles se referiam ao dia imediatamente anterior a uma das três datas fixas como *pridie* – ou véspera de. Assim, o dia 14 de março seria *pridie idus Martias* ou seja, a véspera das I*des* de março.

Em inscrições, estas palavras são todas abreviadas, o que significa que se pode ignorar todas as complexas terminações das palavras latinas.

Pode-se simplificar, escrevendo

A.D. III ID. MART.

E isto significaria para um romano de 2000 anos atrás aquilo que hoje se chamariam 13 de março.

Os romanos usavam um ciclo de oito dias para sua organização civil, com um mercado ou *Nundinae* a cada oito dias. Este *internundium* era indicado no calendário pelas letras A até H. E havia regras complicadas sobre o que poderia ou não poderia ser feito em certos dias. Os *Fasti* eram dias nos quais os bancos e outras cortes eram abertos e os negócios podiam ser realizados. Mas as *Nundinae* eram dias de mercado – *Nesfasti* -, quando as cortes eram fechadas. Outros dias eram discriminados para festividades religiosas e alguns dias eram designados para que encontros públicos ocorressem.

A semana de sete dias com o domingo como o dia santo foi introduzido pelo imperador romano Constantino como parte das reformas cristãos em 321 E.C.

A Divisão do Dia

Assim como nós, os romanos dividiam cada dia em 24 horas, as quais eles distribuíam entre 12 horas do dia e 12 horas da noite. Mas, diferentemente dos métodos contemporâneos, esta divisão não era calculada à partir da meia noite até a meia noite seguinte, mas sim do nascer do sol ao nascer do sol do dia seguinte. Isto significa que a duração da hora romana variava de acordo com a estação, assim, durante o solstício de verão, por volta de 21 de junho, quando o período diurno era consideravelmente maior do que o noturno, as doze horas do dia poderiam ter a duração de 1 hora e 16 minutos; por outro lado, durante os dias curtos do solstício de inverno, por volta de 21 de dezembro, cada hora do dia teria em torno de 44 minutos de duração.

Havia apenas dois dias, em todo o ano, nos quais as horas do dia romano possuíam exatamente 60 minutos. Estas datas ocorriam durante os equinócios, quando a duração do dia é exatamente igual à duração da noite; o equinócio da primavera ocorria a cada ano por volta do dia 21 de março, e o equinócio de outono pela da de 21 de setembro.

Tabela das Horas do Dia durante os Solstícios

Assim como nós, os romanos dividiam cada dia em 24 horas, as quais eles distribuíam entre 12 horas do dia e 12 horas da noite. Mas, diferentemente dos métodos contemporâneos, esta divisão não era calculada à partir da meia noite até a meia noite seguinte, mas sim do nascer do sol ao nascer do sol do dia seguinte. Isto significa que a duração da hora romana variava de acordo com a estação, assim, durante o solstício de verão, por volta de 21 de junho, quando o período diurno era consideravelmente maior do que o noturno, as doze horas do dia poderiam ter a duração de 1 hora e 16 minutos; por outro lado, durante os dias curtos do solstício de inverno, por volta de 21 de dezembro, cada hora do dia teria em torno de 44 minutos de duração.

Havia apenas dois dias, em todo o ano, nos quais as horas do dia romano possuíam exatamente 60 minutos. Estas datas ocorriam durante os equinócios, quando a duração do dia é exatamente igual à duração da noite; o equinócio da primavera ocorria a cada ano por volta do dia 21 de março, e o equinócio de outono pela da de 21 de setembro.

Tabela das Horas do Dia durante os Solstícios

Solstício de Inverno

Hora	de		até
I.	prima	7:33	8:17
II.	secunda	8:17	9:02
III.	tertia	9:02	9:46
IV.	quarta	9:46	10:31
V.	quinta	10:31	11:15
VI.	sexta	11:15	12:00
VII.	septima	12:00	12:44 p.m.
VIII.	octava	12:44	13:29 p.m.
IX.	nona	13:29	14:13 p.m.
X.	decima	14:13	14:58 p.m.
XI.	undecima	14:58	15:42 p.m.
XII.	duodecima	15:42	16:27 p.m.

Solstício de Verão

Hora	de		até
I.	prima	4:27	5:42
II.	secunda	5:42	6:58
III.	tertia	6:58	8:13
IV.	quarta	8:13	9:29
V.	quinta	9:29	10:44
VI.	sexta	10:44	12:00
VII.	septima	12:00	13:15
VIII.	octava	13:15	14:31
IX.	nona	14:31	15:46
X.	decima	15:46	17:02
XI.	undecima	17:02	18:17
XII.	duodecima	18:17	19:33

Tabela adaptada de Daily Life in Ancient Rome de Jerome Carcopino pg.167-8.

Deve-se estar atento para o fato de que a hora de nascer e do pôr do sol também varia de acordo com a latitude geográfica e a tabela acima mostra a duração das horas do dia na latitude da cidade de Roma; esta tabela pode não ser válida para muitas das outras cidades do mundo romano.

Numerais romanos

I	=	1
V	=	5
X	=	10
L	=	50
C	=	100
D	=	500
M	=	1000

ESTE LIVRO FOI COMPOSTO EM TIPOS A771 ROMAN & CELTIC GARAMOND
THE 2ND SOBRE PAPEL POLÉM PELA KOTTER EDITORIAL
NA PRIMAVERA DE 2020 EM CURITIBA.

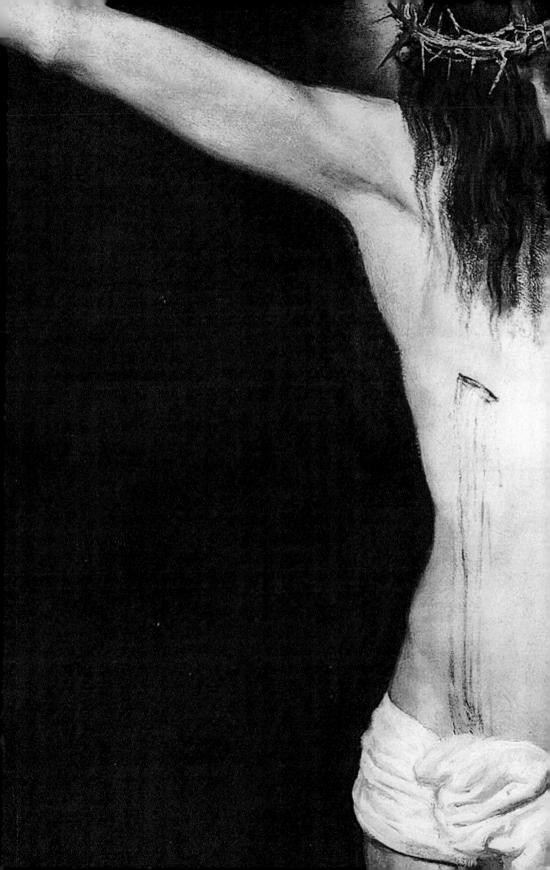